«Escribo estos renglons
no por pentecuch»

«Escribo estos renglons no por pentecuch»

TEXTOS EN ARAGONÉS ANSOTANO DE LOS SIGLOS XIX Y XX

Edición y estudio de
María Pilar Benítez Marco

IEA
Instituto
de Estudios
Altoaragoneses

DIPUTACIÓN
DE HUESCA

«Escribo estos renglons no por pentecuch»: textos en aragonés ansotano
de los siglos XIX y XX / Edición y estudio de María Pilar Benítez Marco. – Huesca :
Instituto de Estudios Altoaragoneses (Diputación Provincial de Huesca), 2024
195 p. : il. col. y n. ; 21 cm – (Cosas Nuestras; 45)
Bibliografía: p. 185-195
Benítez Marco, María Pilar (1964-)
Literatura aragonesa
Dialecto aragonés – Ansó (valle) – Textos
821.124.2 (460.222 Ansó)
811.124.2 (460.222 Ansó)

Colección: Cosas Nuestras, n.º 45
Director de la colección: Carlos Garcés Manau
Diseño: José Luis Jiménez Cerezo
Comité editorial: Julio Alvira Banzo, María Pilar Benítez Marco,
Ramón Lasaosa Susín, Antonio Turmo Arnal y Eduardo Viñuales Cobos
Coordinación editorial: Teresa Sas
Corrección: Ana Bescós
Imagen de cubierta: *Mujeres del valle de Ansó (Alto Aragón)*, óleo de Manuel Villegas Brieva
(History and Art Collection / Alamy)

ISBN: 978-84-8127-340-3
Thema: DSBF, DSBH, 2AD-ES-G, 1DSE-ES-CA
DL: HU-39/2024
Preimpresión: Miguel Corellano
Imprime: Gráficas Alós. Huesca

IEA / Diputación Provincial de Huesca
Calle del Parque, 10. E-22002 Huesca
Tel.: 974 294 120
www.iea.es / publicaciones@iea.es

Índice

Fotografía realizada en Ansó por el profesor Fritz Krüger a finales de los años veinte del siglo pasado y publicada en el primer volumen de su libro *Die Hochpyrenäen* (1936).

Introducción

Mi participación en la VIII Trobada d'Estudios e Rechiras arredol d'a Luenga Aragonesa e a suya Literatura, organizada por el Instituto de Estudios Altoaragoneses de la Diputación Provincial de Huesca y celebrada en Huesca en octubre de 2020, me permitió realizar una amplia investigación sobre los textos producidos en aragonés ansotano de los siglos XIX y XX. En aquella ocasión sinteticé el trabajo desarrollado en la ponencia «La evolución del ansotano en los siglos XIX y XX a través de los textos», y ahora la citada institución, a través de su colección Cosas Nuestras, me da la oportunidad de darlo a conocer íntegramente en el presente libro.

Este estudio se suma a los que he desarrollado con anterioridad sobre ese mismo dialecto de la lengua aragonesa, a saber, *Contribución al estudio del verbo ansotano* (Benítez, 1988), «El valle de Ansó: un ejemplo de interrelación de los medios físico, socioeconómico y lingüístico» (Benítez, 1997), *Contribución al estudio del habla del valle de Ansó* (Benítez, 1998), *L'ansotano: estudio del habla del valle de Ansó* (Benítez, 2001), «Textos inéditos en ansotano de Juan Francisco Aznárez» (Benítez y Latas, 2008), «Chiquez apuntes sobre l'aragonés ansotano dende a soziolingüistica» (Benítez y Latas, 2009), «Notas sociolingüísticas sobre el aragonés de Ansó» (Benítez y Latas, 2013), «El aragonés del valle de Ansó: documentación, pérdida y recuperación» (Benítez, 2015-2016) y «Algunos aspectos de morfosintaxis del aragonés ansotano en el siglo XIX» (Benítez, 2017).

De forma especial, esta obra completa la mencionada tesis doctoral *Contribución al estudio del habla del valle de Ansó*, ya que cuando la elaboré, entre 1987 y 1998, utilicé sobre todo fuentes orales para sustentar el estudio sincrónico sobre la modalidad lingüística ansotana que me propuse llevar a cabo en aquel momento. Los materiales orales empleados procedían, mayormente, de la aplicación, mediante encuestas, de un amplio cuestionario a diferentes informantes del valle y de la grabación de conversaciones espontáneas.

No obstante, también recogí y tuve en cuenta en la investigación los testimonios escritos producidos en ansotano durante los años en los que la desarrollé, si bien no los incluí en la tesis (Benítez, 1998) ni los edité en el trabajo publicado a partir de ella (Benítez, 2001). Además, al tratarse de una investigación que no pretendía llevar a cabo una reconstrucción paleontológica de lo que pudo ser el ansotano auténtico, sino describir el sistema lingüístico utilizado en ese momento histórico en el valle de Ansó, no analicé los escritos anteriores a la época estudiada.

Por tanto, faltaba hacer una recopilación sistemática y una edición comentada y contextualizada de los textos producidos en aragonés ansotano durante los siglos XIX y XX, como se propone en esta obra compilatoria, dadas la dispersión y la dificultad de acceso de la mayor parte de ellos y el carácter inédito de algunos. De hecho, en general, y según se observa a lo largo del libro, los textos escritos en este dialecto durante ambas centurias son breves y, salvo en un caso, el libro *Recuerdos de l'onso Chorche* (Moncayola, 1990), salieron a la luz en publicaciones periódicas o en diferentes tipos de recopilaciones, que no siempre son fáciles de consultar, mientras que otros no habían llegado a publicarse.

Esa dispersión y los obstáculos que surgen a la hora de hallar y leer textos redactados en ansotano en el pasado han reforzado la falsa idea de que esta variedad de la lengua aragonesa no ha tenido una tradición escrita importante hasta las primeras décadas del siglo XXI. Incluso los propios hablantes de esta modalidad lingüística, conscientes de la necesidad y la importancia de que un dialecto tenga unos precedentes escritos en los que apoyar y reafirmar su habla, pensaban que ellos, a diferencia de los que utilizaban otros dialectos de la lengua aragonesa, no los poseían. Así, en el trabajo *Ansó*, realizado por María José Ostalé López, María Pilar Ostalé López, Rosa Ostalé López, María Lourdes Pardo Mendiara, Ana María Pérez Mendiara, María Esther Pérez Mendiara y María José Sánchez López, se afirma que «a fabla ansotana no ha teniu cultivo literario» (Ostalé *et alii*, 1981c). Del mismo modo, Joaquín Bejarano López, al que más adelante se estudia como autor de textos en ansotano, señaló lo siguiente: «Os chesos tienen güena

FUELLAS

D'INFORMAZIÓN D'O CONSELLO D'A FABLA ARAGONESA

publicazión bimestral en aragonés • 13ena añada • lum. 78 • chulio - agosto 1990

Ansó

A la fin s'empezipian a beyer siñals de recuperazión de l'aragonés ansotano. O primer libro publicato en aragonés ansotano, *Recuerdos de l'onso Chorche*, estié o más bendito de toz os libros en aragonés en a Feria de o Libro de Uesca de 1990.

Portada del número 78 de la revista *Fuellas d'Informazión d'o Consello d'a Fabla Aragonesa*, correspondiente a julio y agosto de 1990.

empreñadura, pos D. Domingo Miral, l'añada 1903, les dexó escrita ixa comedia, que le metió o nombre de *Qui bien fa nunca lo pierde»* (Puchó [Joaquín Bejarano], 1994a).

Es cierto, no obstante, y como se indicó en un artículo anterior, que la realización y la publicación de la tesis mencionada propiciaron un grado de concienciación de la importancia de la documentación y la recuperación del ansotano entre sus hablantes mayor que el que había habido hasta entonces, y ello ha dado lugar en los últimos años a una considerable y significativa producción escrita en esta variedad dialectal (Benítez, 2015-2016: 177-179). Además, y a diferencia de lo ocurrido en siglos anteriores, los textos en ansotano del siglo XXI no solo han seguido formando parte de publicaciones periódicas o de obras recopilatorias o colectivas, sino que bastantes de ellos constituyen libros en papel redactados y editados íntegramente en ansotano, mientras que otros han adoptado un formato digital, en especial a través del blog y de la página web.

Por todas estas razones, parece interesante dedicar un estudio a los textos redactados en ansotano antes del siglo XXI, pero también a aquellos pertenecientes al mismo periodo de tiempo que, si bien pudieron tener un origen y una transmisión orales, se han transcrito y fijado por escrito, pues en ese proceso de traslación han perdido la materialidad de la comunicación oral y se han adaptado a la lógica de la escritura y de la lectura (Zires, 1999). La finalidad es doble, como se expone a continuación.

Por un lado, se pretende, según se ha comentado, visibilizar la importante tradición escrita que ha tenido el aragonés ansotano en los siglos XIX y XX, oculta en documentos inéditos, en publicaciones periódicas o en recopilaciones varias, a menudo difíciles de encontrar, mediante la formación y la publicación de un corpus de textos redactados en ese dialecto. Organizada por orden cronológico en capítulos encabezados con los nombres de sus respectivos autores o recopiladores, o, en su defecto, con el título de la obra, la edición de tales textos se rige, como puede observarse, por el principio de fidelidad filológica. Es decir, se respetan las grafías de los escritos, si bien, para facilitar la lectura, en algunos casos se adecúan los signos ortográficos a los criterios actuales y se realizan algunas correcciones evidentes, mientras que otras posibles se indican entre corchetes. Este último signo ortográfico se emplea también para incluir las palabras iniciales de aquellos textos en los que originalmente no se indica título con el fin de utilizarlas para designarlos.

Junto a los mencionados criterios de edición, para la consecución de este primer objetivo se tienen en cuenta, asimismo, las recopilaciones parciales de textos producidos en ansotano realizadas con anterioridad. Así, Francho Nagore Laín incorporó en su *Replega de testos en aragonés dialeutal de o sieglo XX (materials ta lo estudio de l'aragonés popular moderno)* documentación en ansotano del siglo XX (Nagore, 1987: 19-51). El estudioso volvió a reunir textos de esta variedad dialectal, junto con una relación bibliográfica de algunos de los reproducidos y de otros, en *Lingüística diatopica de l'Alto Aragón* (Nagore, 2013: 93-100). Además, los anexos de la *mémoire de maîtrise* de Nicolas Quint, *Étude de la morphologie verbale du parler haut-aragonais d'Ansó*, contienen una compilación de textos en ansotano, alguno de los cuales es medieval (Quint, 1992-1993: 30-82). Igualmente, en la obra *Misión lingüística en el Alto Aragón*, Óscar Latas Alegre editó los materiales lingüísticos recogidos por Jean-Joseph Saroïhandy en sus viajes por el Alto Aragón. Entre ellos se hallan textos producidos en la modalidad lingüística ansotana que el investigador francés copió en Ansó y Fago en 1899 (Saroïhandy, 2005: 123-131 y 133-134). Precisamente, con el recién nombrado Óscar Latas edité los *Textos inéditos en ansotano de Juan Francisco Aznárez* (Benítez y Latas, 2008). Por último, cabe referirse a la recopilación de «A literatura popular d'a val d'Ansó» realizada por Lluís-Xavier Flores i Abat, en la que el autor reúne textos en ansotano y en castellano, si bien traduce estos últimos a ese dialecto (Flores, 2014).

Por otro lado, y además de visibilizar la tradición escrita en ansotano en los siglos XIX y XX mediante la elaboración y la edición de un corpus textual, se quiere llevar a cabo una contextualización y un comentario de los documentos recopilados, así como de sus autores o transcriptores, entre los que se hallan no pocas mujeres. Ello posibilitará establecer una genealogía literaria en este dialecto aragonés y analizar tanto la tipología textual como la evolución del habla a lo largo de cien años de su historia.

En el desarrollo de este segundo propósito también es ineludible la consulta de algunos estudios de textos en ansotano que hasta el momento se han realizado. A este respecto, es necesario recordar que, en las dos compilaciones de Francho Nagore, el investigador apunta breves comentarios lingüísticos sobre los escritos recogidos en esa variedad dialectal (Nagore, 1987: 19-51, y 2013: 93-99). Por otro lado, María Luisa Arnal Purroy analizó un texto en ansotano recopilado por José Alcay Esteban (Arnal, 2003). Asimismo, la mencionada edición de los *Textos inéditos en ansotano de Juan Francisco Aznárez* que llevé a cabo con Óscar Latas está precedida de un estudio de la lengua utilizada por el autor (Benítez y Latas, 2008). Además, en un trabajo anterior realicé una caracterización lingüística de los textos redactados en este dialecto aragonés en los primeros años del siglo XXI y la comparé con los rasgos documentados en los dos siglos anteriores (Benítez, 2015-2016). Más recientemente, Chusé Raúl Usón Serrano ha comentado la lengua usada en dos composiciones de Mariano Gastón Longás (Usón, 2020).

En todo caso, los dos objetivos señalados parecen interesantes e importantes en sí mismos. De una parte, la visibilización permite dar a conocer y empoderar una tradición literaria altoaragonesa poco o nada conocida, así como a los protagonistas que la han hecho posible; por tanto, dignifica una lengua minoritaria —el aragonés—, uno de sus dialectos —el ansotano— y a los autores que escriben en él, entre ellos, como hemos indicado, un número significativo de mujeres. De otra parte, la recopilación de textos y su comentario proporcionan modelos de referencia para el empleo oral y escrito del ansotano en particular y del aragonés en general, a la vez que contribuyen a un mejor conocimiento de ambos. Ello resulta fundamental en el proceso de documentación, que es uno de los factores indispensables para que una lengua no muera y que, en consecuencia, es tenido en cuenta por la Unesco para medir su vitalidad (Unesco, 2003).

Por todas estas razones, como dijo el citado Joaquín Bejarano, «escribo estos renglons no por pentecuch» (Puchó [Joaquín Bejarano], 1993a), sino para contribuir a la conservación del aragonés ansotano. Precisamente, las palabras de Puchó, bien oportunas y significativas, dan título a esta recopilación de textos en aragonés ansotano de los siglos XIX y XX.

Corpus de textos en ansotano: el siglo XIX

Jean-Joseph Saroïhandy (1899)

La primera referencia a un texto con ciertos rasgos ansotanos se halla en el refrán meteorológico [¿*Qué cosa es gloria?*], que Joaquín Costa documentó en Ansó y publicó en 1878 (Costa, 2010 [1878-1879], II: 45).

[¿*Qué cosa es gloria?*]

¿Qué cosa es gloria? Ver Aguatuerta sin boira. ¿Qué cosa es dolor? Ver venir la boira por el Chorró.

Sin embargo, según puede comprobarse, muestra rasgos fónicos y morfosintácticos castellanos. De hecho, solo contiene dos topónimos ansotanos y la palabra *boira* 'niebla', voz aragonesa documentada en catalán y en gallego que la Real Academia Española incorporó como castellana al *Diccionario de la lengua castellana* en 1914.

De ahí que los primeros escritos en ansotano conservados y conocidos hasta el momento sean los recopilados por el mencionado Jean-Joseph Saroïhandy en 1899. Precisamente, y como se indicó en un estudio anterior (Benítez, 2015-2016: 160-161), en 1896 Alfred Morel-Fatio envió a este investigador francés a estudiar la lengua de Ribagorza, en condición de becario de la École Pratique des Hautes Études, tras leer en el *Boletín de la Institución Libre de Enseñanza* los artículos del citado Joaquín Costa sobre «Los dialectos de transición en general y los celtibéricos-latinos en particular», varios de los cuales dedicó a los «Dialectos ribagorzanos y demás aragoneses-catalanes y catalanes-aragoneses» (Costa, 2010 [1878-1879], I).

Tres años después de ese primer viaje, Saroïhandy regresó al Pirineo, llevado por el interés hacia la lengua aragonesa, y encuestó a hablantes del valle de Ansó, según él mismo recordaba (Saroïhandy, 2009a [1901]: 41-43):

> Hace ya tres años que estudié el dialecto de Graus [...]. Este año he podido encontrar, por el lado opuesto a Cataluña, en la frontera de las regiones de lengua vasca, en el fondo de los valles pirenaicos, una lengua que no se oye hablar más que en seis o siete pueblecillos y que ha conservado los caracteres del aragonés, tales como los advertimos en los textos antiguos.
>
> Los más importantes de estos pueblos son Ansó y Echo [...].
>
> Hoy ya ha sufrido muy considerablemente la influencia del castellano. Tan solo la hablan los viejos y las mujeres; los hombres se tienen a menos.

El estudioso francés recopiló, durante su estancia en Ansó y Fago, abundantes materiales lingüísticos y de tradición oral de esas localidades y publicó un número importante de enunciados (Saroïhandy, 2009a [1901]: 46-50; 2009b [1904]: 78), alguno de ellos de carácter proverbial (Saroïhandy, 2009a [1901]: 47): «De gordas en tiengo, delgaditas en querebai». Sin embardo, dejó inéditos otros, así como un importante corpus de textos en ansotano que, como se ha indicado, ha recuperado Óscar Latas (Saroïhandy, 2005: 123-131 y 133-134).

En concreto, en Ansó recogió una versión corta del cuento [*Santa Bárbara*], un chascarrillo, [*Me lo tocón*], y tres cuentos infantiles traducidos al ansotano, a saber, *A princesa Blanca Nieu*, *O pastó de as liebres* y *A filla de o molinero*. En esta última narración, Saroïhandy indicó que el informante fue José Aznar Sanz, de catorce años, y que como fuente para la traducción utilizó la colección Recreo Infantil – Cuentos Morales para Niños, editada por Saturnino Calleja en Madrid. A este joven y al resto de los hablantes ansotanos, principalmente mujeres, que le proporcionaron datos se refirió en estas entrañables palabras (Saroïhandy, 2009a [1901]: 43):

> En Ansó, después de comer, me iba a sentar en el umbral de las puertas donde las mujeres se ocupaban cosiendo, haciendo media, desgranando *albejas* o *tentillas*. Yo las oía hablar y anotaba las expresiones locales que se les escapaban. El trabajo era lento y las páginas de mi libreta no se llenaban tan deprisa como yo hubiera deseado. Las amables vecinas, que así me admitían en su compañía, creían en un principio que yo venía a

burlarme de ellas y, por lo tanto, no me faltaron pullas ni frases picantes. Quiere, se decían entre sí, ponernos en alguna comedia. Pero no tardé mucho en hacerme amigo de ellas [...]. Le debo también un millón de gracias al joven José Aznar Sanz, quien me acompañaba en mis paseos y quien me dictó una porción de cuentos que, por desgracia, había leído en libros castellanos.

En los textos recopilados en Fago por Saroïhandy, facilitados por María Águeda Barcos, según hizo constar, predominan las anécdotas, pues se documentan una de carácter lingüístico, [*Íbanos y veníanos*], y dos chascarrillos, [*A un cheso*] y [*Un cheso*]. No obstante, se hallan también un microtexto basado en el equívoco, [*¿Cuándo irás ta Pau?*], y una albada burlesca, [*Albatas te cantaréi*], que incorpora una estrofa con reminiscencias del llamado *romance de Marichuana*, en opinión de Flores (2014: 117).

Se transcriben a continuación todos los textos mencionados en el orden en el que se han enumerado (Saroïhandy, 2005: 123, 126, 129, 131 y 133-134).

[*Santa Bárbara*]

Santa Bárbara fue por fuellas. Trobó un lobo en o camino i su pae le dició al lobo: «No te comas las crabitas, que te mataré». Fue o lobo i se comió as crabitas.

Le itaron en un caldero de agua bullendo i le pedieron un espedo po lo culo i le salió po la boca i decían las crabitetas: «Totín, totán, este sí que ie mi pai».

[*Me lo tocón*]

Me lo tocón pa almorzá,
me lo tocón pa chentá,
me lo tocón pa cená,
tres veces me lo tocón.

A princesa Blanca Nieu

Un día de imbierno de ixos tan nubláus, cayó una nevada i bi'staba una reina tan guapa como maja. Estaba bordando unas zapatillas i se enclavó una agulla por un dedo i le salió sangre, que cayó enta encima d'a nieu, que bi'staba en a prazolera d'a ventana. I a sangre i a nieu feban un coló muito majo i alora a reina dició:

—Así querríai tené una moceta tan guapa como este coló: o pelo rubio, o perello blanco, os güellos azuls.

I, a o poco tiempo, tenió una moceta tal como la quereba. I, d'allí a unos días, se morió a madre. I dimpués o rei se casó con una mullé no muito maja, pero muito argullosa i teneba un miradó mágico i no podeba vié qu'as otras mullés fueran más guapas qu'ella i se creyeba a mullé más fermosa d'o mundo.

A princesa iba crexiendo i cada día más maja. I, un día, cuando teneba siete años, a reina fue ent'o miradó i le respondió o miradó que ella yera a mullé más guapa, pero a princesa Blanca Nieu que yera mil veces más guapa qu'ella.

Al sentí ixo, s'encendió i l'emprincipió a tené odio. I, un día, clamó a un cazadó suyo a'scondidas d'o rei i le dició que levera a princesa ent'o mon, que l'engañera, que le diciera que iban a vié cómo correban os sarrios i que, cuando estieran bien lejos, que la matera, que la'stripera i que le saquera o corazón i o fígado, i que l'en levera i entonces que le daría ella una taleca d'onzas.

O cazadó, cuando iba matá a moceta, ella se metió a plorá i le deciba que no la matera, qu'ella ya s'estaría escondida en aquellas matas i le dició que matera un sarrio en cuentas d'ella.

O cazadó asina fició i sacó a o sarrio o fígado i o corazón, i os levó ent'a reina i l'en dio. I a reina l'en dio a cocinera pa que l'en asera. I, cuando estión asáus, se los chentó, como si habieran siu os d'a princesa.

A princesa se'n fue escapando por o mon i sentiba os gritos d'os onsos i d'os lobos i d'os xabalins i d'as rabosas. Pasaba escapando po chunto d'ixas fieras i no le feban cosa. I plegó enta una casa que estaba ubierta i se caló enta ella sin vacilá i vio que no bi'staba ninguno. Plegó enta un posiento, que bi'staba comedó i bi'staba siete platos servius i siete vasos con vino, i o más grande yera como un didal. I no queriba tocá-ne ninguno, pero, como teneba muita fambre i muita sé, se'n comió un bocáu de cada plato i se bebió un goté de vino de cada vaso. I, cuando venioron os amos d'a casa, que yeran siete enanos, troboron que en a casa eba entráu chen. Ella s'eba itáu a dormí en una cama. Uno deciba: «¿Quí s'a comiu o pan mío?». L'otro deciba: «¿Quí s'a bebiu o vino mío?». L'otro deciba: «¿Quí a pilláu o cuchillo?». I otro: «¿Quí m'a pilláu o tenedó?». I otro: «¿Quí se m'a comiu o guisáu?». I otro: «¿Quí se m'a comiu a cholla?». I o zaguero deciba: «¿Quí m'a pilláu a servilleta?».

Después fueron ent'o posiento de dormir, encendioron as velas i vioron a Blanca Nieu, que dormiba i no la querioron despertá. O qu'eba de dormí en aquella cama se itó en dos sillas. I, a l'otro'l día, cuando se devantó i se vio con ixos ombrachos, s'espantó i ellos le dicioron que no s'espantera, que no li farían nada i le preguntoron que por qué eba iu ent'allí. I ella les en dició.

Le dicioron si quereba está-se con ellos, que allí estaría bien, que les barrería a casa, les plancharía i les faría a chenta i que, cuando acabera de fé os treballos, sería a dueña d'a casa. Ella dició que sí.

De allí a unos días, cuando venioron a chentá os enanos, le dicioron que cuando estiera sola que no dejera entrá ninguno ent'a casa, que a reina, su madrasta, sabría luego que estaba allí.

A madrasta fue ent'o miradó i le preguntó que cuála mullé i yera a más maja i o miradó le dició que ella, pero qu'a princesa Blanca Nieu que yera mil veces más guapa que ella. I ella dició que l'eba de matá i se vistió en campuchina i se'n fue enta do estaba a moceta, que li'n eba dito o miradó.

Llevó una cesta plena d'alajas. Cuando plegó, trucó a puerta i s'asomó Blanca Nieu i le dició a reina si quereba comprá cosas i yeran muito majas. Ella respondió que no quereba comprá cosa. I alora a reina le enseñó una peineta con muitas cosas de oro. Al vié-la, l'en querió comprá i bajó. I a reina l'en dució que le'n iba meté. I le'n metió en a cabeza i le en enclavó tan fuerte en a cabeza que la dejó por muerta.

Cuando vinioron os enanos la troboron muerta. Vioron que teneba una peineta enclavada, le'n sacaron i alora tornó a vida.

A reina se'n fue ent'a casa i preguntó otra vez a o miradó que cuála yera a mullé más guapa. I o miradó le'n dició como antes.

I ella se pilló otra cesta i se vistió d'otra manera con una nariz postiza i feba como que yera coxa. Clamó otra vez en a puerta, s'asomó Blanca Nieu, bajó i le'n ubrió. I a reina le enseñó una apretadera i ella no'n eba leváu nunca i en quereba llevá. I le ició a reina:

—Deja-lo, que te lo voy a poné.

I alora l'apretó tanto d'os cordons que la dejó sin alentá.

A reina se'n fue i vinioron os enanos i vioron o que teneba. Le creboron os cordons i golvió.

A reina se miró otra vez en o miradó i le dició o espejo o mesmo que antes. I a reina preguntó a o miradó que cómo eba de fé una maçana que teniera a meya envenada i a otra meya que no'n teniera, i o veneno que itera oló.

I, vestida d'otra manera, se'n fue otra vez enta do'staba a moceta. Gritó a puerta i a moceta no querió bajá. S'asomó solo ent'a ventana i l'enseñó as maçanas. I a moceta, escarmentada, no li'n quereba comprá. I ella le dició que se'n comprara.

—Mira con qué gusto me como esta meya. ¿Quies tú l'otra?

A moceta la pilló, se'n comió un bocáu i se quedó muerta.

Alora a reina se'n fue ent'a casa i venioron os enanos i no podieron
fé-la resucitá. I le ficioron un ataúl de cristal i allí la metioron i estieron
plorando-la siete días. I después la metioron en o cobalto de un mon i
bi'staba siempre dos ombrachos pa cuidá-la.

Un día, iba un príncipe, fillo d'un rei, cazando i se perdió i fue a pará
ent'allí. I él se quedó encantáu de vié-la tan maja, aunque estaba muerta.
I les dició a os enanos que, si se la quereban dá, que se la llevaría enta o
palacio de su padre. I alora os cazadós que iban con él plegoron i la pillo-
ron entre todos i se la levoron. Fueron a bajá un tranco i uno se cayó, i, al
cayé-se, a moceta golvió enta deván i alora dejó cayé o bocáu de maçana
que agún teneba en a boca i golvió a vida. I o príncipe le dició o que l'eba
pasáu i le dició si se quereba casá con él. I ella le dició que sí.

I pa a boda clamoron a madrasta i, cuando s'eba apañáu pa í ent'a
boda, fue enta o miradó a decí-le cuála yera a mullé más guaba [sic] que
bi'staría en a boda. I o miradó le dició que a que se yiba casá i alora casi
no'n querió í i. Por fin, dició:

—¡A! Voy a í i.

I cuando vio a Blanca Nieu casi se quedó muerta i fueron os ombra-
chos por de zaga i la pilloron i le tiroron os zapatos de baile. Le metioron
unos borceguins de fierro calién i la ficioron bailá sola dando-le tochadas.
I se quedó muerta i l'arrulloron. I alora os enanos se divertioron muito.

O pastó de as liebres

Bi'staba un rey muito rico i teneba una filla que se quereba casá i
bi'staba costumbre de, cuando s'eban de casá, de itá una maçana de oro al
aire unas cuantas veces i qui la pillera teneba que fé tres cosas que a filla
les teneba que decí. I, entre tantos ombres, le tocó a un pastó i le ició ella:

—¿Te atribes a cuidá cien liebres que tenemos en o palacio?

I él le dició:

—Dá-me vos un día de tiempo pa pensá-lo.

Yiba por allí enta deván i se trobó con una viella i le dició a vieja:

—¿Qué tienes que estás tan triste?

I le respondió:

—Nada. ¿Qu'e de tené?

I le dició otra vez ella:

—Di-me-lo. Tal vez te sacaréi de o apuro.

I él le'n dició i le dició a vieja:

—Toma esta flauta i guarda-la bien.

I, antes de podé-le fablá o pastó a la vieja, se'n fue esta.

Alora o pastó fue enta o rei i le dició:

—Señor, agora ya puedo cuidá as liebres de su filla.

O pastó de as liebres.

Bi staba un rey muito rico. i teneba una filla que se quereba casá i bi staba costumbre de cuando s'eban de casá de itá una maçana de oro al aire unas cuantas veces (   ) i qui la pillera teneba que fé tres cosas que ella les teneba que decí i entre tantos ombres le tocó a un pastó. i le (d)ició el. Te atribes a cuidá cien liebres que tenemos en o palacio i el le dició; dá me vos un día de tiempo pa pensá-lo.

Cuento *O pastó de as liebres*, recogido en Ansó por Jean-Joseph Saroïhandy en 1899.
(Université Bordeaux Montaigne)

I empezó a sacá-las, i, cuando eba saliu a zaguera, ya no se vieban as primeras. I alora se'n fue o pastó ent'o cobalto de un mon i allí se posó, i dimpués de un rato s'acordó de a flauta i la sacó i empezó a tocá i alora todas as liebres se metioron alrededó. I venió a filla d'o rey disfrazada i la conoxió él. I ella le dició:

—¿Me quieres vendé una liebre?

I o pastó le dició:

—No'n tiengo pa vendé, sino pa quien se las gane.

I ella le dició:

—Pues ¿cómo se han de ganá?

I él le dició:

—Replegando fiemo en este mon.

I ella se metió a replegá fiemo i estió más de dos horas i le dició él que se'n pillera una. La pilló i se la metió en una cesta. I, cuando se'n eba iu un cacho, principió a tocá a flauta i alora a liebre se escapó de a cesta. I a filla d'o rei se'n tornó enta casa sin de nada. I dempués fue o rei a caballos en un burro enta o mon en do'staba o pastó i le dició:

—Vende-me una liebre.

Pero o pastó, que l'eba conoxiu, le dició:

—No tiengo estas liebres pa vendé.

Alora o rei l'ofreció muito dinero i riquezas pa una liebre, pero no querió o pastó dá-le-ne, si no se la ganaba. Él le dició que cómo se l'eba de ganá i le respondió o pastó:

—Besando-le a o burro debajo d'a coda.

El rei besó a o burro i se levó una liebre, que metió en una cesta, i, cuando s'eba alejáu un troz de camino, o pastó tocó a flauta i se'n escapó a liebre de a cesta i se'n tornó ent'o rabaño. I, cuando plegó enta casa, o rei dició a su filla:

—Ixe mocé no m'a queriu vendé a liebre.

I ella le respondió:

—A mí tampoco no me'n a vendiu ninguna.

I no querión decí o que les eba pasáu. I de tardes venió o pastó con todas as liebres i las contoron al entrá en o corral i no'n faltó ninguna.

Alora o rei le dició:

—Ya as feito a primera cosa. Agora, esta noche, tenemos en un granero cien fanegas de tentillas i otras cien de bisaltos, i me las as de meté as tentillas ta un lao i os bisaltos enta otro en una noche sin lumbre.

Cuando s'eban adormiu en o palacio, o pastó emprincipió a tocá a flauta i venioron muitas formigas i separoron as tentillas d'os bisaltos en un istante, i o rei, cuando se devantó i vio que o pastó las eba separao, se quedó sin sabé o que le pasaba i dició:

—Esta noche que viene farás otra impresa. Te comerás en una noche todos os pans que cojan en un posiento que t'enseñaré.

Bi'staba en aquel posiento pan pa más de diez mil personas i le dició o rei a o pastó:

—Te comerás ixo esta noche i no a de quedá ni una micaza.

Cuando s'eban adormiu en o palacio, emprincipió a tocá flauta o pastó i venioron tantos ratons que cuasi plegó a tené miedo. Por a mañana trucaba o pastó dentro d'o posiento pa que l'ubrieran a puerta, que teneba fambre, i o rei le dició:

—Agora te falta que plená un saco de embustes.

O pastó estió más de mey día i nunca se quereba implená o saco. Por fin, s'acordó i dició:

—La princesa, mi esposa, l'e visto replegá más de dos horas fiemo en o mon.

I alora ya o saco s'emplenó más, pero agún le faltaba. Dició o pastó:

—Su magestad, o rei, le a...

Alora gritó o rei:

—Ata-lo. Ata-lo, qu'está pleno.

Alora ficioron as bodas i qui dice esto sería uno d'os combidáus.

A filla de o molinero

En un lugá bi'staba un molinero. Teneba una filla i un día fue a vié o rei i le dició:

—Tiengo una filla que sabe filá palla en oro.

Alora le dició o rei:

—Trai-me-la i yo la probaréi pa vié si ye verdá, i, como sea mentira, mataréi a tú i a filla porque os habez queriu fé a bulra de mí. Pues bien, viengan mañana.

A l'otro'l día fue a filla i la metió o rei en un posiento pleno de palla i le dio una rueca i un fuso, i le dició que filera a palla en un día i le zarró a puerta.

Ella emprincipió a pensá i se metió a plorá porque no yera verdad que sabeba filá. Alora benió un ombrecillo i le dició:

—¿Por qué ploras?

I ella li dició o que le pasaba. Pues le dició o ombrecillo:

—¿Qué me das, si te la filo, a palla?

—Mi collá —contestó a moceta.

Alora o ombrecillo pilló a rueca i o fuso, i emprincipió a filá. I todas las fusadas se ficioron oro. Cuando acabó, se'n fue o ombrecillo.

A l'otro'l día venió o rei i, al vié que o que bi'staba yera oro, se quedó sin sabé o que le pasaba.

A l'otro'l día levó a moza enta otro posiento más grande, pleno de palla, zarró a puerta i la dejó allí. Venió o ombrecillo otra bez i le dició:

27

—¿Qué me darás si agún te la filo?

I ella le dició:

—Mi sortija.

I o ombrecillo emprincipió a filá.

A l'otro'l día venió o rei i, viendo tanto oro, le dició a moceta:

—Si me filas mañana otro posiento, te casarás con yo, i, si no me la filas, te mataréi.

A l'otro'l día venió o ombrecillo:

—¿Agora qué me darás si te la filo?

I ella le dició que no teneba nada pa dá-le-ne.

—Pues —le dició él— cuando seas reina me tienes que dá o primer fillo que tiengas.

I o ombrecillo le'n filó.

A moceta i o rei se casón. I le deciba o rei a su mullé qu'en su vida no'n trobaría otra tan rica. I, cuando tenioron un fillo, o ombrecillo fue enta reina i le dició:

—Da-me tu fillo, que m'as prometiu.

Ella, que ya no s'acordaba de él, le dició:

—Te daré muitas riquezas, pero o fillo no.

Él no querió as riquezas i demandó o fillo. I ella le dició que no li'n daría.

Alora o ombrecillo le dició:

—Si sabes cómo me clamo, no te lo querréi. I pa ixo te doi nueve días a tres plazos. D'aquí a tres días vendréi. I se'n fue.

A reina mandó mensajeros que trayeran todos los nombres que pudieran trobá. I d'allá a tres días venió o ombrecillo. Ella le deciba muitos nombres i él respondeba a todos que no se clamaba asina.

A otros tres días se tornó o ombrecillo i ella le dició agún muitos nombres i él siempre respondeba que no se clamaba asina. I alora se'n fue.

Mandó otra vez a reina hombres por allí, a vié si le trayeban más nombres, i uno d'os que mandó fue a pasá por un mon i bi'staba una caseta, i deván d'a caseta bi'staba una xerata que itaba muita flama i bi'staba un ombrecillo bailando alredó i deciba:

—Oi aso a o fillo d'o rei i mañana me lo como. No pueden sabé cómo me clamo. Me clamo Sin Nombre.

Ixe ombre mensajero qu'estaba astí escondiu i que l'a sentiu se'n reculó sin seguí enta deván i se'n fue enta reina i le dició o qu'eba sentiu.

A o noveno día venió o ombrecillo enta reina:

—¿Agora me dices cómo me clamo?

—Te clamas Sin Nombre —respondió ella.

Él dició:

—O demonio te l'a dito.

I dio una patada en tierra, crebando-se por metá d'o cuerpo, i se'n fue con as tripas en a mano, sin mocé, que la reina no li'n eba dau.

[*Íbanos y veníanos*]

Íbanos y veníanos
de Martes a Mianos
con una burra que teníanos.

[*A un cheso*]

A un cheso se l'enfangó un güey i dició: «¡Ah, Virgen d'Escaués, saca-me o güey d'o fango! Os ofrexco una libra cera. ¡Ah, si o güey me vierai fuera, qué tarde veríaz a libra cera!».

[*Un cheso*]

Un cheso se'n fue enta Zaragoza i entró a la ora que comeban i le pre-guntoron qu'eba pasáu por la montaña i dició que una vaca eba pariu cinco betiellos i le preguntoron:
—¿Cuántas tetas tiene a vaca?
—Cuatro —respondió.
—Cuando os cuatro tetan, ¿qué fa l'otro?
—Mirar, como yo.
—Pues, chica, da-le de comer.

[*¿Cuándo irás ta Pau?*]

—¿Cuándo irás ta Pau?
—Cuando pleva.

[*Albatas te cantaréi*]

Albatas te cantaréi.
¡O, perdí, que serán buenas!
De ciruelas marcachadas
te'n traigo una alforcha plena,
dulces como una miel
y blandas como una mierda.

Corpus de textos en ansotano: el siglo XX

El Estudio de Filología de Aragón (1924)

Hasta donde se sabe, los siguientes textos recogidos en ansotano moderno, después de los recopilados por Jean-Joseph Saroïhandy, lo fueron por el Estudio de Filología de Aragón, institución creada en 1915 bajo el patrocinio de la Diputación Provincial de Zaragoza y la dirección de Juan Moneva y Puyol. Precisamente, el gran proyecto de la entidad fue la elaboración de un *Diccionario aragonés* que, entre otros contenidos, incluyera el léxico aragonés con ejemplos de uso y refranes (Benítez, 2012: 169-170).

Aunque tal obra lexicográfica no llegó a publicarse, algunos de sus materiales fueron aprovechados para la confección del *Vocabulario de Aragón*. Redactado colectivamente en el seno del Estudio, en 1924 fue presentado, bajo la autoría de Juan Moneva, al Premio Extraordinario del Duque de Alba, convocado por la Real Academia Española (Benítez, 2010: 123).

En concreto, el *Vocabulario de Aragón*, publicado en 2004, contiene, además de enunciados en ansotano que sirven para ejemplificar algunas de las palabras recopiladas, varios refranes con la marca espacial de Ansó. Así, por un lado, hay dos versiones acortadas del ya mencionado y recogido por Joaquín Costa, [*¡Qué cosa es gloria!*][1] y [*¿Qué cosa es morir?*], que, como puede comprobarse, presentan el mismo grado de castellanización que aquel. Por otro lado, se incluyen otros dos refranes, [*Pa San Vicente barbato*] —que había sido recogido por Benito Coll en su *Colección de refranes, modismos y frases usados en el Alto Aragón*, de 1902, sin marca geográfica (Aliaga, 2012: 144) y que en el *Vocabulario de Aragón*, además de la marca diatópica de Ansó, tiene la de Hecho— y [*Largo chuto*].

Se copian aquí los refranes citados y recopilados por el Estudio de Filología de Aragón en su *Vocabulario de Aragón* (Moneva, 2004: 100, 157, 162 y 164).

[*¡Qué cosa es gloria!*]

¡Qué cosa es gloria! Ver Aguatuerta sin boira.

[*¿Qué cosa es morir?*]

¿Qué cosa es morir? Ver por Aiguatuerta la boira venir.

[*Pa San Vicente barbato*]

Pa San Vicente barbato, se rompe o chelato, pero'n viene otro más refinato.

[*Largo chuto*]

Largo chuto, largo nubláu.

José Lorenzo Alcay Esteban (1926)

Mientras el Estudio de Filología de Aragón intentaba sobrevivir a duras penas en su primera etapa de funcionamiento, en 1926 la revista *Aragón* publicó, bajo el título *Relatos*, dos textos en ansotano sobre la religiosidad popular en torno a la Virgen de Puyeta recopilados por José Lorenzo Alcay Esteban. Se incluyeron en el artículo «Etnografía aragonesa», de Íñigo Manuel Marín Sancho, quien incorporó a su propia colaboración una copla en ansotano, [*A Zaragoza me voy*], bastante castellanizada. Además, Marín Sancho se refirió al habla ansotana en el mismo escrito en los siguientes términos, que ponen de manifiesto su proceso de pérdida y el desconocimiento que los aragoneses tenían de ella (Marín, 1926: 126-127):

> Debido a la amabilidad del cultísimo médico de Ansó, D. José Alcay, podemos ofrecer a nuestros lectores estas notas, que, a manera de pinceladas

Portada del número 8 de *Aragón: revista gráfica de cultura aragonesa,* publicado en 1926, que incluyó dos relatos en ansotano.

sueltas, muestran el encanto del habla ansotana; lenguaje dulce e ingenuo que acaricia, al sonar, nuestros oídos, lenguaje de nuestro pueblo, casi olvidado, y que a infinitos aragoneses resultará desconocido.

José Alcay fue un médico zaragozano que ejerció su profesión en Ansó y estuvo muy implicado en la difusión del patrimonio cultural de la población. Por ejemplo, en 1924 había sido el delegado en Ansó del Comité Provincial para la Exposición del Traje Regional que se celebró al año siguiente en Madrid.[2] No obstante, como se ha indicado, fue el recopilador y no el autor de los *Relatos* editados en la revista *Aragón*. Así lo ponen de manifiesto los marcadores conversacionales y las apelaciones directas del informante al interlocutor que aparecen en ellos: *pues que, vos ya sabez en dó está.*

Se reproducen a continuación la copla [*A Zaragoza me voy*] y los *Relatos*, transcritos por Íñigo Manuel Marín y José Alcay, respectivamente, en el artículo mencionado (Marín, 1926: 126-127 y 129).

Relatos

LA VIRGEN DE PUYETA. Pues que ye una Virgen q'en Ansó le tenemos muita fe, porque l'otro año, que fue un año muito seco, q'en muitas partidas d'o mon d'Ansó no podeban bebé os ganáus, puyoron, en vista de que no quereva plevé, cuatro mairals ta Puyeta a pedí-li agua a la Virgen y se puyoron un cordero pa comé-se-lo allí. No ficioron más que plegá, dioron una güelta por alredó de la Virgen con el cordero al hombro, despúes entroron t'armita a fé-li visita, luego salioron d'allí, matoron o cordero, ficioron a fritada y, antis d'empezá a comé-la, tornaron a'ntrá t'armita y, cuando salioron, ya pleveba algo. Comioron tod'o que tenieron gana y dispués se tornoron a dá-li gracias a la Virgen y alora se metió a plevé tan fuerte que no los dejó ni agún bajá aquella tarde t'o lugá y tenioron que fé noche allí y, a l'otro día de mañana, se bajaron ta casa...

Otr'año, que tampoco quereba plevé y s'estaban perdiendo os trigos, intentoron de bajá a la Virgen en rogativa t'aquí, t'o lugá. Li'n dicioron a o cura y no li parisió[3] mal, conque puyó a sabé cuánta chen. La pilloron al hombro entre cuat[r]'hombres y, a lo que plegaban t'a cruz de piedra (que vos ya sahez en dó está), empezó a cayé gotas y, pa que no se muyase la Virgen, li mitieron una henguarina y lo mismo fue mité-li-ne que quedáse raso. Pero empezó o tiempo fre[s]co y a cayé aguaruxos de cierzo, que vi'stió una cosecha loca aquel año. Y, desde alora, li tenemos tanta fe que pa nusotros no'n vi'stá otra mejó.

COFRARÍA DE PUYETA. Pa entrá en a Cofraría de Puyeta, ye ministé í t'o mayordomo pa que l'asiente en o libro de os cofardes. Se paga una peceta d'entrada y tiene derecho q[ue] vayan t'o entierro, cuando se muera uno de l'armandá, o pagá-le cuatro pecetas pa os llevadós d'o muerto si no lo llevan os cofrades al cementerio. L'armandá tiene la obligación de decí-li dos misas o más.

Día la Virgen d'agosto s'achuntan todos os cofardes en a casa d'o mayordomo a fé o taste. Allí tastan o pan, o vino y o queso, y o mesmo vino que beben en o taste han de bebé en a coflaría. En ixe día se pauta quí han de ser os sirvientes y, entre o más antiguo, se elige el mayordomo a l'otro año. También se pauta la carne c'an de comé. Antis más comeban carne de vieja [sic][4] y agora comen de cordero. A tardi d'antes puyan os sirvientes con tos los trastes que ye ministé, tortas de llama zafranadas y otras de vente libras, a fé almuerzo pa cuando pleguen os cofardes.

Antis puyaban con cada sirviente dos mozas pa serví en cada posiento y un mozo p'asadó. Vi'stiba [sic][5] cinco posientos y otro pa os curas, y en cada posiento chentaban vente cofardes.

El domingo dimpués de la Virgen se puya a Puyeta. A las ocho se plega y s'almuerza. A las nueve, misa y sermón. A las doce se chenta. A las tres, vispras, y a las cuatro briendan.

Cada cofarde teneva dreito de puyá un menor (mocé o moceta), que les clamaban perrés, pa meté-se debajo a mesa y chentá allí lo que les daban os cofardes. Ixa costumbre serviva pa dá-les a os mocés ejemplo y que tomaran cariño a l'armandá.

Os qu'eran aficionáus a tañé a bigüela tocaban y se bailaba en la era de temprano, y de tarde, en casa de Puyeta.

En la era se chugaba a «rancá pinos de Puyeta», fendo-se cayé de unos enta otros, pillando-se de as garras.

Dimpués el mayordomo fa las cuentas y las mete en a tablilla de la casa. Por la tarde se subastan las pelletas, que quedan pa el mejor postor.

Los cofardes bajaban al oscurecé cantando y al plegá t'o puen de Veral bailaban la jota y la zarragolla, y puyaban cantando t'o lugá, rondando hasta que dispués s'iban t'a casa de os sirvientes a cená y bailá.

[*A Zaragoza me voy*]

A Zaragoza me voy
con abarcas y abarqueras
y la chaminera al hombro,
no me toques la gorguera.

Atlas lingüístico de la península ibérica (1935)

Según se expuso en un trabajo anterior (Benítez, 2015-2016: 162-166), fueron varios los estudiosos españoles y extranjeros que durante los años veinte y treinta del siglo pasado, y siguiendo la estela de Jean-Joseph Saroïhandy, visitaron Ansó para conocer su habla como parte de sus investigaciones sobre áreas románicas más amplias. Puesto que en dichos estudios utilizaban principalmente la metodología *Wörter und Sachen* ('palabras y cosas'), recopilaron sobre todo léxico y algunos enunciados.

De hecho, solo Alwin Kuhn, que había recorrido el Alto Aragón en 1932, recogió la copla ansotana [*Si los chesos la pasan*], respuesta a la chesa [*No son solos los d'Ansó*]. Ambos textos se copian aquí (Kuhn, 1935: 7).

[*Si los chesos la pasan*]

Si los chesos la pasan
y la vuelven a pasá
es porque los ansotanos
les dan esa facultá.

[*No son solos los d'Ansó*]

No son solos los d'Ansó
los que pasan la Canal.
También los chesos la pasan
y la vuelven a pasar.

Aunque en ambas composiciones predominan los rasgos castellanos, puede observarse que, además de la sinalefa que se produce en *d'Ansó*, con pérdida de la vocal final en la preposición *de*, la copla ansotana muestra la realización fonética [Ø] de /-d/ y de /-ɾ/, característica del ansotano.

De igual manera, la geografía lingüística también situó Ansó en los atlas regionales y nacionales. El primero que lo hizo fue el *Atlas lingüístico de la península ibérica* (en adelante, *ALPI*). Si bien comenzó a concebirlo en los primeros años del siglo XX Ramón Menéndez

Pidal, bajo la dirección de Tomás Navarro Tomás (Navarro Tomás, 1975: 9), las encuestas para el proyecto fueron realizadas en Ansó (el punto 605 del *ALPI*) en 1935 por Manuel Sanchis Guarner y Lorenzo Rodríguez Castellano, y el informante de la localidad fue Santiago Puyó Orensanz (Casanova, 2004: 52).

Precisamente, en la introducción del único tomo editado de este atlas (*ALPI*) se indica que esas encuestas tenían carácter lingüístico--etnográfico y que en ellas se inquirían, además de nombres, refranes, entre otras cosas. De ahí que en los materiales del *ALPI* parcialmente publicados desde aquel primer volumen aparezca el refrán en ansotano [*Cielo enladrilláu*], que se transcribe seguidamente (Casanova, 2004: 49).

[*Cielo enladrilláu*]

Cielo enladrilláu, a los poqués días mulláu.

Mariano Gastón Longás (1947 y 1948)

Tras la Guerra Civil y los difíciles años de posguerra, comenzaron a publicarse en prensa algunos textos de autor en ansotano. En 1947 y 1948 se editaron en el periódico de Jaca *El Pirineo Aragonés* sendas colaboraciones que llevaban por título «Pastoril ansotano» y estaban firmadas por Mariano Gastón Longás. Este era hijo de Vicenta Longás y Genaro Gastón, propietarios de los Almacenes El Siglo de Ansó, y autor de otros poemas en castellano que vieron la luz en el mismo semanario.[6]

En cada «Pastoril ansotano» hay varias composiciones poéticas de carácter popular sobre el oficio y la vida del pastor ansotano. Con alguna leve irregularidad métrica, la primera publicada consta de tres coplas o cuartetas asonantadas y dos seguidillas compuestas, mientras que la segunda está formada por tres coplas, una seguidilla compuesta y dos coplas finales unidas temáticamente.

Se reproducen a continuación ambas colaboraciones (Gastón, 1947 y 1948).

Pastoril ansotano

Nos bajamos pa'l Pilar;
pa Navidá, en o chelo;
puyamos pa San Antonio
hasta as fiestas San Mateo.

Cuando estoy en a Ribera,
ansotana de mi vida,
un teléfono ye poco
pa lo que yo te diría.

No me viengas con historias,
que si as hierbas, que si a lana;
no se me va a mí del ojo
que son ovellas tardanas.

Cuando voy t'a Ribera
con a cabaña,
hasta as mismas ovellas
güelven con saña;
pariys conoysen;[7]
al bajar de Zuriza,
pierden sus dones.

Ahora, cuando ordeñemos,
limpia o establo;
refresca a masadera,
que no entre o gallo;
cuando tornemos,
ya verás qué quesada
en puerto femos.

Pastoril ansotano

Ya empezó o invierno con chelo
y plegó en abril a patera;
en a sanmiguelada, a roña…
y ya no he visto cosa güena.

Decía un pastor, muy triste,
que su vida es un martirio:

farto d'agua, mei descalzo
¡y tené que chentá en frío!

Nos ofrecen patrimonios
y o cariño as riberanas,
pero ye que no conoxxen[8]
o queré de la ansotana.

Dicen os forasteros,
que a puerto puyan,
prefieren l'agua a o vino
por su frescura.
No tienen tino:
ixxas[9] aguas son güenas,
pa refrescá o vino.

Nos dicen que estamos fartos
y as casas pretas están;
y esto que ustedes nos dicen
es una pura verdad.
Muy güenos son os pernils,
o requesón y o demás.
Y os chaparrons que nos cayen,
¿quí los tiene que aguantá?

Gregorio Garcés Til (1947-1962)

En las mismas fechas en las que Mariano Gastón comenzó a escribir en ansotano, en 1947, el sacerdote Gregorio Garcés Til, que entre otros cargos tuvo el de maestro de capilla de la catedral de Huesca, estaba realizando una recopilación de cantos populares del Alto Aragón. Tenía preparado el trabajo para que fuera publicado en 1962, pero no apareció hasta 1999, cuando finalmente fue editado bajo el título *Cancionero popular del Alto Aragón* (Garcés, 1999).

En la obra se recogen varias coplas o cuartetas asonantadas en ansotano, a saber, [*Cuándo nos achuntaremos*], [*Paco d'Ezpelá'nt'arriba*], [*Sale o sol por a Reclusa*], [*Ent'a cueva más oscura*] y [*En o cantón de Puchó*], facilitadas en Ansó por Félix Dosona, Josefa Litaco y Sebastián

Pueyo Mendiara (Garcés, 1999: 843). Se transcriben las coplas enumeradas en las siguientes líneas (Garcés, 1999: 864-865).

[*Cuándo nos achuntaremos*]

Cuándo nos achuntaremos
a sacá fiemo ent'Achá
y fablá d'aquellas cosas
que solébamos charrá.

[*Paco d'Ezpelá'nt'arriba*]

Paco d'Ezpelá'nt'arriba,
paco d'Ezpelá'nt'abajo,
o primero que se troba
y'un güen sofá de bushaco.[10]

[*Sale o sol por a Reclusa*]

Sale o sol por a Reclusa,
resplandece en Maidoguí
y da güelta por Alano
y se esconde en Zardoquí.

[*Ent'a cueva más oscura*]

Ent'a cueva más oscura
que bi'stá n'o mon d'Ansó,
me'n tiengo que í a viví
como me digas que no.

[*En o cantón de Puchó*]

En o cantón de Puchó,
tropuzá y no cayé.
En o barrio bajo, madre,
muitas cosas ez de vié.

Elena Gusano Galindo (1968)

Elena Gusano Galindo, que se licenció en Sociología y fue funcionaria del Ministerio de Asuntos Exteriores, es una de las autoras en aragonés ansotano más prolíficas de las primeras décadas del siglo XXI. Así lo ponen de manifiesto, por ejemplo, los libros *Guisos y ditos en os fogarils d'antismás* (Gusano, 2004), escrito en castellano y en ansotano, y *Ansó: o vestiu populá = el traje popular*, realizado con Dabí Latas Alegre y en edición bilingüe (Gusano y Latas, 2021); los estudios «As casas d'Ansó: oiconimia d'a billa d'Ansó (Uesca, Aragón)» y «As casas de Fago: oiconimia d'a bal d'Ansó», llevados a cabo con Juan Karlos López-Mugartza Iriarte (Gusano y López-Mugartza, 2011-2012; 2021); la obra de teatro *Yésica, un abrío d'agora* (Gusano, 2010); los relatos cortos «Maiberal» (Gusano, 2009), «Con os visos de l'alba», «O pasadoble», «L'otro pasodoble», «O prospeto» y «O gorré» (Gusano, 2015); la novela ilustrada *Rasmia: a verdadera historia d'Aragón* (Gusano, 2019); o el cuento *Tiana, a mozeta que no teneba basquiña* (Gusano, 2021).

Aunque nació en Madrid, tiene sus raíces familiares en el valle de Ansó y aprendió el dialecto ansotano sobre todo de las mujeres de su familia. Precisamente, en 1968 grabó los recuerdos en ansotano que su abuela Miguela Gurría Pérez, nacida en 1879, conservaba de las vivencias que tuvo como vendedora ambulante de té por diferentes territorios del Estado español y como camarera en el balneario de Panticosa. Dado el valor lingüístico y etnográfico de aquel testimonio, la misma nieta realizó una transcripción de la conversación mantenida con ella que, bajo el título [*Señores, así como*], se reproduce aquí (Gusano, 1968).[11]

[*Señores, así como*]

—«Señores, así como…». O prospeto estaba en español… Veniba de Francia o té, os paquetes, i o prospeto por fuera. Lo meteban postizo allí, un prospeto allí, rebozando o paquete, i en o paquete deciba: «Señores y señoras». ¿Ves como deciban antis «señores»? Lo deciban antis, más que antis o «señoras».

—Tenían que haber puesto «Señoras y señores».

—Pos güeno, ixo sería: «Señoras y señores». ¿Así está bien?

—Sí.

—«Tengo el honor de presentar a Uds. el verdadero té de Suiza, apro-
bado por los mejores dotores de medecina de aquel país y por el colegio
afamado de la Villa de Bermer y por el doctor Le Blanc de Barte, que lo
aprobó como el mejor té de Suiza. Los señores citados dicen que el men-
cionado té tiene, primeramente, la propiedad de purificar la masa de la
sangre. 2.º) Hace respirar con toda facilidad y, en particular, orinar de tal
modo que preserva a la vejiga de varias enfermedades». ¿Pos lo lees todo?

—Venga, yo lo escribo.

—«3.º) Hace arrojar del interior las lombrices del cuerpo humano.
4.º) Corrige la enfermedad llamada itericia. 5.º) Hace desaparecer la opi-
lación que sufren señoras y señoritas. 6.º) Quita las fiebres y calenturas, y
preserva de ellas a las que no las han sufrido. El mencionado té tiene, pri-
meramente…, tiene… El mencionado té está compuesto de 54 diferentes
plantas, todas aromáticas y medecinantas, todas medecinantas y aromáti-
cas, y ha dado buenos resultados en la ciudad de Pamplona».

—¿Eso es lo que decíais con el té?

—Si no lo decíbamos.

—No, eso es lo que venía.

—Ye que iba escrito por fuera y, si te daba la gana de í por a carretera
i lo leebas… Ni… As que lo compraban deciban: «¡Ui, qué letras!». Digo:
«Mire, pues las lean, que, que ya están bien claras, son letras…». ¿No ye
por escrito? ¿Lo entiendes?

—Sí.

—¿Cómo se clama ixo que están en os libros?

—Están impresas.

—Imprentas.

—¿Y cuántos años estuviste tú vendiendo té?

—Pos yerai, yéramos… Íbamos, estábamos tres o cuatro meses y enta
casa. Lugo después, otra temporada íbamos y enta casa. Y íbamos a llevá
lo que ganábamos ta casa y nos en íbamos otra vez a vendé té y corriemos
toda a provincia de Castilla la Vieja, a metá de Castilla la Nueva, a metá
d'Andalucía y a metá d'Aragón.

—¿Y tú que provincias conocías así?

—Todas.

—¿Y cómo ibas?, ¿cómo viajabas?

—De basquiña.

—De basquiña ibas y ¿cómo ibas, andando, en tren o en qué?

—¡Ai, madre, en tren! Ni tampoco comé pan.

—Entonces, ¿qué? ¡Ibas andando?

—Andando, con a carga en a cabeza cada una. Y pan, en hubieras
comiu muitas veces doble d'o que comebas. Te'n daban una miqueta y
con aquello te conformabas. Y un día tenebai mal de muelas y me dio

una miquetina de pan y me se acabó y tenebai muita fambre y diciéi, digo: «Oi, da-me una miqueta de pan más, María» (que se clamaba María a compañera), y responde: «¡Rayo! Pa comé pan, no tienes mal de muelas».

—Ja, ja, ja…

—Contestación.

—Eso es lo que te dijo. Y la primera vez que fuiste a vender té, ¿cuántos años tenías?

—¿Cuántos? Pocos… Catorce, trece, o trece o catorce.

—¿Y hasta cuántos?… Entonces estuviste muchos años, porque te casaste de treinta…

—¡No! Que veníbamos ta casa a los seis o siete…

—Bueno, bien… Pues muchas temporadas, digo.

—Pos, toma, temporadas hasta, hasta, temporadas hasta que yere moza ya casadera, moza.

—Hasta veintitantos años…

—Sí. A zaguera vez, fuei con Josefa tío Miguel. Ella teneba de novio o con qui se casó.

—¿Y tú?

—Yo no en tenebe de novio. No en teniéi hasta casá-me.

—¿De novio?

—Porque no li diciéi… Si alguno me deciba algo de casá, a la primera, ya lis decibe que no me lo dicieran más.

—¿Por qué?

—¿Por qué? Porque no querebai.

—¿No te gustaban?

—No me gustaban.

—¿Y por qué luego te gustó él? ¿Qué tenía el marido ese tuyo pa que te gustara tanto?

—Porque ixe ya me gustaba de más pequeño. Que yera primo segundo.

—¿Tuyo?

—Y yera guapo. ¿Tú no te acuerdas d'él?

—Yo he visto fotos, pero yo no le llegué a conocer.

—¿No? Guapo, yera guapo.

—¿Era guapo?

—Además de guapo, güen tipo, muy formal, muy honráu, muy trabajador.

—¿Cómo tenía «a garra»?

—A garra, pos… Mira, representante, como tu hermano, como tu hermano este…

—Alejandro.

—Alejandro... Alejandrito.

—Ah, sí, se parece.

—Sí.

—Entonces, tenía buena «garra».

—Sí. Y alto, de igual así, y a cara, tamién así. Porque Alejandrito se parixe a tu padre, pero se parixeba a él, a su tío carnal, que yera, que yera o... No ye tío, su padre, o que me caséi yo yera padre pa él.

—No, abuelo. Abuelo, igual que tú, abuela. Tú eres abuela del hermano, pues tu marido es abuelo.

—Pero güeno...

—Tú dices tu hijo. Tu hijo era tío.

—Yera hijo.

—Tío carnal.

—Yera hijo mío.

—Entonces tío carnal.

—Pos güeno.

—Tío carnal del hermano.

—Tío carnal d'o hermano.

—Y, además de eso, de vender té, ¿qué hacíais más?

—¡A, nada! Íbamos por as casas, por os portals que bi'staba chen sentada, y si no, llamábamos: «¿Quieren comprar té?». Y lugo bi'staba en muitos lugás mercáus. En un sitio bi'staba mercáu; al día siguiente, en otro; y bi'staba poco... Y como íbamos cuatro, nos apartábamos dos a dos, a achuntá, y cuando no se iba más que dos solo, dos; una sola, nunca.

—¿Y nunca te pasó nada yendo..., viajando, en esos años, mujeres solas por os caminos, nunca te pasó nada?

—Nunca pasó nada.

—¿Nunca?

—Nada, de ningún coló.

—¿Ni asustar-te de nada?

—Ni asustá-me... Nada, nada, nada, nada.

—¿No te asustaste más cuando el cura de Panticosa te dijo aquello?

—¡Panticosa yera Panticosa! Aquello no yera de asustá. Yera un cura que yera de Calatayud y tocaba. Y se puyaba a guitarra y tocaba y deciba y iba enta... o pasillo en que estaba yo, que bi'staba muitas habitaciones de dos camas y de una, pos iba siempre t'a misma, y yera otra a camarera, no yerai yo, yera otra, pero nos arreuníbamos allí toas en reunión alredó d'él y él cantaba y deciba: «De sepulcro a sepulcro, fui preguntando / si había visto algún hombre morir amando. / Dijo-me uno, dijo-me uno: "Mujeres, a millares, caramba, / hombres, ninguno"».

—¿Eso cantaba?

—Ixo.

—¿Y tenía razón?

—¡Ola! Yo que me sé si teneba razón… Y dice: «Si vais a Calatayud, preguntar por mí, que yo os quiero a todas mucho, porque siempre subo aquí y siempre sois ansotanas y todas sois de güena manera».

—Y ese, ¿qué te quiso hacer? ¿No quiso que le dieras un beso?

—No. Ixe yera otro. O de o beso yera otro. Iste que digo yera cura.

—Y el del beso, ¿también era cura?

—O de o beso yera cura, pero ya yera no conoxiu, no yera de Calatayud, no sé de dó sería.

—¿Y qué te dijo ixe?

—Ixe… Ibai por o pasillo con a charra plena d'agua y a escoba en a mano, que ibai fendo as habitaciones, y ibai por o pasillo d'a laguna. Yera o primé año que fuei y dezaga veniba él y… Por allí pasaban os médicos, o prencipal y o segundo principal, ta o hospital, por allí se pasaba ta o hospital, por ixe pasillo.

—Porque en Panticosa, ¿qué había?, ¿tuberculosos?

—En a laguna, sí. Y…, y ibai por o pasillo de cara ta…, vamos, de un cuarto ta otro, y él, él veniba dezaga y: «Shiii, shiiii, shiii». Y güelvo a cara: ¿qué demonio de «shiii, shiii» ye'ste? Digo: «¿Qué desea?». Dice: «Dame un beso». ¡Un beso! Ta poco… Le voy a dá un escobazo que le voy a crebá en as narices. ¡So asco! Conque se'n escapó y se troba que estaban en as escalerillas, que bi'staba de o piso primero ta o segundo, pa puyá dende o primero ta o segundo (yo estabai en o primero), y a… una de Cherón en o segundo, pa puyá d'o…, pa escapá, que bi'staba una puerta por alto tamién, pa salí t'a calle (ixos pisos teneban dos puertas: una puerta, bajo, pa un piso; y l'otra, alto, pa l'otro), y se'n iba a puyá por as escaleras ta arriba y se veye allí a Guardia Cevil y él, que veye allí a Guardia Cevil, se'n da a meia vuelta y se'n recula y se echa a corré y se'n fue. Después aquello se chorrontó, aquello se chorrontó, que fue un risorio.

—¿Y luego qué, se le reían al cura?

—Y luego después va y o… Viene, al año siguiente, enta…, a tomá as aguas y dice o portero, que alora me heban metiu en o Mediodía, me heban cambiáu ta o Mediodia, y dice o portero: «Migalona, mira, aquí viene o cura d'os besos». Él, que se oye aquello, se'n recula, pos en tenió que í de… Ja, ja, ja.

—¿De Panticosa?

—Puyaba ta l'otro piso y, si en trovaba alguno que lo conoxeba, que estaban enteráus todos, dice: «¡Ay, el cura de los besos!». Y se'n reculaba. Se dejó de í ta Panticosa el probe hombre.

—Mira, que le echaste… ¿Y cuánto te pagaban en Panticosa?

—Nada, ni cosa ni jornal.

—Entonces…, ¿algo sacarías?

—Y pos o qué… Y todos querébamos í pa ganá algo, porque as que es-
taban en güenos sitios, que ya feba unos… (según os años que van, las
cambian, ¿sabes?), as que estaban en güenos sitios pos ya ganaban, pero
as que estábamos en que, en que no teneban muitas perras, pues poco,
daban menos, pero, pa no dá más que en Ansó, si ibas a segá desde que
saliba…, desde mañanas hasta de noches, segando por dos reales.

—¿Eso te pagaban?

—En Ansó, dos reales daban de jornal.

—¿Y tú tenías que poner esas cosas en el pecho de los tuberculosos o
no? ¿Les ponías tú las cataplasmas esas?

—Yo no, ixo no. No. Bi'stá allí médicos, bi'stá médicos y curanderos
y de… No, no. As camareras, solo a barré o cuarto, limpiá o polvo y fé
a cama… Y…, ixo. Bi'staba tamién en cada piso un…, un…, ¿cómo se
clama?… Ixos que limpian as botas.

—Limpiabotas.

—Limpiabotas, en cada piso. Nusotras, pa si clamaban y yera menisté
í ta a botica, pos tamién íbamos ta a botica, con a receta, pero, si estaba o
portero, iba o portero.

Pilar Mendiara Ornat (*ca.* 1979)

La llegada de la democracia, tras el régimen franquista, propició
en el valle de Ansó, como en el resto de Aragón y en otras regiones
españolas, una significativa conciencia lingüística territorial y local.
Ello permitió un mayor cultivo escrito del ansotano y un aumento de
tipos de textos según los ámbitos de uso.

Así, en 1974 la fundación del Museo Etnológico de Ansó, a inicia-
tiva del sacerdote Dámaso Lapetra Cortés, en la llamada *sala de San
Pedro* de la iglesia parroquial posibilitó que a los pocos años de inau-
gurarse, hacia 1979, se redactaran unas hojas en diferentes lenguas
para facilitar y completar la visita. Pilar Mendiara Ornat, que fue du-
rante veinte años guía del citado museo, además de concejala de Cul-
tura de esa población y una persona muy comprometida con el patri-
monio cultural y lingüístico de la localidad, compuso la titulada
Algunos datos sobre la villa de Ansó y Museo Etnológico: escrito en ansotano.
Al final del texto se explica la situación de peligro de extinción en la
que se halla el ansotano y se justifica su redacción en esta habla por
el interés que suscita (Mendiara Ornat, *ca.* 1979):

Así hablan los ansotanos mayores. Los niños han perdido este modo de hablar y es muy difícil su recuperación. Hemos querido, este año, hacer esta guía del museo en ansotano por ser muchos los que preguntan por esta fabla aragonesa.

Con la confección de esta guía del Museo Etnológico de Ansó, Pilar Mendiara se convirtió en una de las primeras mujeres que escribieron en aragonés ansotano, y ha continuado esta labor en el siglo XXI. De hecho, ha participado en la elaboración de varias obras colectivas sobre ese dialecto o redactadas en él, como el *Diccionario del dialecto ansotano* o el artículo «O ansotano», escritos con Josefina Mendiara Gastón, Alicia Pérez Barcos y Montse Castán Arnal (Mendiara Ornat *et alii*, 2003a y 2003b). Con las mismas autoras, y con la colaboración de Félix Ipas Barba y Pedro José Susín Lasaosa, escribió, asimismo, *O catón: replegando as tradizions ansotanas* (Mendiara Ornat *et alii*, 2006). De forma individual es autora de la composición «O lugá nuestro» (Mendiara Ornat, 2009).

Se copia a continuación el texto *Algunos datos sobre la villa de Ansó y Museo Etnológico: escrito en ansotano* (Mendiara Ornat, *ca.* 1979), que la escritora me entregó en 1987, en mi primera estancia en Ansó, para elaborar la tesis doctoral.

Algunos datos sobre la villa de Ansó
y Museo Etnológico: escrito en ansotano

O lugá se trova a 850 metros sobre o nivel de o mar. Agora tiene 450 habitantes, aunque al empezá o siglo plegó a tener 1700.

As principales maneras de viví son treballá en a madera y o ganáu.

O término monecipal ye muito grande. Tiene 30 000 ha. Vi'stá chabalins, sarrios, corzos y onsos.

Ansó está entro de a comarca clamada Jacetania, a 50 km de Jaca. Os valles más cerca que tenemos son o de Hecho, [a] 9 km, miranto ta l'este, y o de Roncal, a 25 km, enta oeste.

Puyando carrerera t'arriba, a 1 km, trovaremos as praderas y os bosques de Zuriza.

As primeras cosas que se saben de o lugar son de o siglo IX. Pariche[12] sé que estaba entro de o Condáu de Aragón. O valle tiene fabla propia, que agora solo la fablan as personas de edá. En os bailes, trovamos a jota ansotana y vi'staba otro baile, que solo se acuerdan os viejos, que se clamaba alacay.

A IGLESIA. A primera que ficieron yera románica. Aún se conochen[13] as ventanas zarradas que bi'stá en as parés. A de agora ye de cruz latina, solo una nave y as bóvedas, de crucería gótica. Os altás más antiguos llevan a fecha de 1625. O retablo de o altá mayó ye feito en o siglo XVII, año 1671. L'órgano, que aún se puede escuitá, lo ficioron en o siglo XVII.

A SACRISTÍA. Fue feita a prencipio de o siglo XIX. Os calajes que tiene son muy polius. Fueron feitos con adornos de buchaco. En metá d'a sacristía han metiu unas vitrinas pa lucí os ternos, as casullas de o[s] siglo[s] XVI, XVII, XVIII. También vi'stá otras cosas de muito való.

MUSEO ETNOLÓGICO. Se inauguró o día 14 julio 1974. Ye visitáu cada año por diez mil personas. Lo enseña o cura, y en o verano vi'stá una persona siempre pa que os que lo visitan puedan vié-lo mejó. Se puede decí que o museo empieza ya en a escalera, que vi'stá pa puyá ta alto. Se trovan dibujos de as carreras y plazas d'o lugar, sillas pa montá, muitos trillos y trastes de labranza, y también trastes de cocina ansotana.

Al plegá ta a sala, te rogamos saques a entrada. Ye una manera de ayudá a o museo. Os gastos puyan muito cada año.

Pa que os fayaz mejó a visita, as vitrinas están con o número. En ellas trovarás os distintos trajes que vi'stá. Tenemos de ellos desde o siglo XIII. Hasta primeros de este siglo, lo vestiba todo o lugá. As ropas son de lino y lana. O lino se sembraba en os campos de alredó d'o lugá. As ovellas de raza ansotana, que agún en i'stá, daban a lana. As mullés yeran as que lo cultivaban y lo techiban,[14] y tamién lavaban y filaban a lana. Pa fé o tintáu d'a basquiña, trayeban de Francia una planta que se clamaba plastel. Más ta aván, os tintes los ficieron en Jaca, mandando as piezas ta allí, después de techidas.[15] Un telá lo podrás vié en o mismo museo. Es de o siglo XVII. Os adornos que se meteban, platas, lo[s] formaban dos Vírgenes del Pilar, un crucifijo, un sofocante, un relicario y os pendientes que [yeran] grandes. Además, vi'staba muitas cintas y pañuelos pa a cabeza. A'ntiguedá de estos trajes ye de 350 años.

VITRINA N.º 1. Traje de cofradía. Lo vestiban en a romería t'a ermita de a Virgen de Puyeta, patrona d'o lugá. O traje de mullé ye negro y se clamaba saigüelo. O conjunto de joyas y lazos que lleva sobre o peito p'adornar-se ye a plata. En a cabeza lleva os churros. Son precisos pa colocá y asegurá o pañuelo. Uno d'os hombres lleva, encima d'o calzón, a enguarina. Ye prenda de vestí, no de abrigo.

[VITRINA N.º 2]. ZAPATERÍA. Aquí se feban os zapatos y as botas pa tod'o lugá. Vi'stá hormas desde el doce al cuarenta y cuatro. A máquina de Singer y otras herramientas pa podé fé o treballo.

VITRINA N.º 3. Trastes que se empleaban pa filá y preparwhen os techius[16] de lino y lana, aribos, devanaderas, ruecas y fusos, peines pa o lino, zorachas, lino igual que se arrancaba d'o campo.

RINCÓN DEL PASTOR. Así ye cómo l'han clamáu os visitantes. Colgadas en as parés, vi'stá marcas d'o ganáu de algunas casas d'o lugá. En os madés, esquilas muito antiguas. Están tamién os trastes que empleaban pa fé o queso. Deván d'o fogaril, dos asadós de carne con maquinaria de reló, un calentadó, un tedero y otros trastes de cerámica de antis. En a paré está colgada a'spedera con as coberteras. Más ta deván, en do aprendeban os críos a caminá, se clama carrucha. Puertas de o siglo XVII, fachellas[17] pa fé queso, ferradas pa trayé l'agua de fuera, un lampadario de o siglo XIV, rosarios que trayeban de Lurdes.

VITRINA N.º 4. Vi'stá una colección de devantals ansotanos de muito való. Algunos tienen que vé con as celebraciones d'a Iglesia. Unos se llevaban en as bodas, otros pa os bautizos, otros pa os funerales, y según o coló de cada tiempo litúrgico. También vi'stá cintas y pañuelos p'a cabeza.

VITRINA N.º 5. Trajes de boda. A novia en usaba dos iche[18] día. O primero yera p'a ceremonia religiosa; o segundo, pa o banquete y fiesta. O novio vestiba traje de gala con medias blancas y bolras en o sombrero.

LIBRERÍA. Libros de os siglos XVI y XVII. Clama muito la atención o mueble estantería.

VITRINA N.º 6. Siguen os trajes típicos. O primero ye de diario y traballo. O segundo, de fiesta. O tercero lo lleva a madrina d'o bautizo. Tiene o crío en o brazo vestiu con o traje de cristianá. Otro lleva traje de periquillo u de confirmación y os otros dos son pa a primera comunión.

EL TELAR. Ye del siglo XVII. Aquí se techiban[19] os trajes, as sábanas, os linzuelos. Aún se conserva una factura de telas techidas[20] aquí por ichas[21] fechas.

VITRINA N.º 7. Libros de o coro. Algunos tienen fecha del año 1549. Son de pergamino y tienen ricas viñetas.

VITRINA N.º 8. Joyas antiguas d'as novias, escapularios, etc. Cucharas.

VITRINA N.º 9. Tallas del XVI. O Cristo yacente fue trováu en as obras d'o museo. Está catalogáu en o siglo XV. Libros, etc.

VITRINA N.º 10. Libro de o coro de o siglo XVI. Vi'stá un libro de ordenación d'o mon y otro de administración municipal.

Fíjate, pa acabá, en a rica colección de lámparas antiguas.

En a mesa, cerca d'a puerta, trovarás tarjetas, que pues comprá como recuerdo de tu visita ta o museo. En a paré vi'stá reproducciones de cuadros d'o pintor Sorolla, que estió pintando en Ansó en l'año 1914.

O maniquí que está arrimáu ent'a vitrina va vestiu con traje de alcalde.

Francisco Bejarano López (1980)

En este contexto de reivindicación de la cultura y la lengua propias, algunos de los hablantes del valle de Ansó participaron en el movimiento de estudio, defensa y dignificación del aragonés y de sus dialectos. Fue el caso de Francisco Bejarano López. Más conocido como *Paco Puchó*, en alusión a la casa ansotana de la que era su madre, fue alcalde de Ansó y recopiló voces de su habla (Puchó [Francisco Bejarano], 1979 y 1982).

En 1980 la revista *Fuellas* reprodujo una entrevista sobre su localidad que el programa de radio en aragonés *Charramos* de Radio Huesca le había realizado en abril de ese mismo año. Entre las razones para la publicación de la conversación se señalaba la escasez de textos escritos en ansotano, al menos conocidos («Charramos d'Ansó», p. 17):

> No solo por o repaso que fa d'os temas autuals d'Ansó, sino tamién porque bi ha mui pocos de testos (por o menos, que sigan conoxius) en ansotano, emos creyiu que teneba interés reproduzir a charrada en as *Fuellas*.

Se copia seguidamente tal entrevista («Charramos d'Ansó»), en la que Paco Puchó respondió a las preguntas planteadas.

Charramos d'Ansó

—¿Qué nos podeba contá d'Ansó?

—Todo o que queraz. Ansó ye un lugá muito lejos de Güesca. Se beye poca chen de por astí; lis da miedo as malas carreteras que bi'stá, si carreteras se pueden clamá ixos caminos de crabas que fizioron fará setenta añadas y c'a Diputación de Güesca lis fa poco causo. Agora, n'imbierno, d'o lugá'nt'alto no se puede puyá, se zarran con as lurtes que fa a ñeu al desfé-se.

—¿Qué treballa a chen d'Ansó?

—Ansó ha siu un lugá ganadé. Bi'staba muitas obellas, crabas, abríos y yeguas. Fará bellos quinze años, agún se bieban cabañas con cañons cuando iban de cabañera; bi'staría alredó de zincuenta mil cabezas de laná. Agora no plegan ta diez mil. Abríos en bi'stá más c'antis; dan menos treballo; puede que bi'ste mil cuatrozientos. Yeguas, ninguna, ixo que ye ganáu de güen mantené. Crabas, pocas; deziban que feban mal n'o mon; agora dizen que son menisté pa que no se zarren as sendas; ¿quí lo'ntiende?

»Antis más yera ganáu trashumante; agora s'ha metiu de moda fé parideras por os mons d'o lugá y en están fendo muitas. Las fan apriseta. Las puyan a mey fé d'a Ribera con camions. A os biellos no lis fa muito goyo; dizen que cuestan muitos dinés. A chen choben quiere bibí n'o lugá. A mí me parixe c'a chen choben saca más dinés fendo dos crías y no fendo queso como antis feban, y, antiparti, treballan menos. Ye menisté cambiá a bida. Ixo d'a trasumanzia ya no ye d'istos tiempos.

»Tamién bi'stá muita chen que treballa n'a madera. Antis se picaba y s'esligaba. Agora bi'stá máquinas que lo fan todo y tamién itan a perdé o mon; no fan más que rastros. Antis se treballaba a madera con as lunas y se degollaba. Agora se treballa en todo tiempo y sin pelá; ye menisté metéli un veneno pa que no s'arule.

»Bi'stá una fábrica en do treballan todo l'año, pleba que ñebe, bajo telláu. Lleban madera ta toda España y a bezes ta Franzia. La treballan bien y en bi'stá tan güena como a que trayen de fuera, claro que ye poca. Bi'stá pino, fayo y abete, y o demás ye leña p'as chens d'o lugá: chaparro, carrasca, buxaco, tremolín, abetocha…

»Antis más bi'staba muita chen que bibiba d'o contrabando. Bi'stió casas que se fizioron ricas; otras lleboron mala bida. Ganaban dinés, pero yera mal treballo. Bi'staba muito peligro. Con o ferrocarril de Canfrán, s'acabó.

»En ixa época as mesachas iban ta Mauleón a treballá en as fábricas d'alpargatas. Soleban í pasáu San Mateu, que yera a fiesta d'o lugá, y tornaban a cosechá unas, a zorachá otras. Iban caminando. S'achuntaban con as roncalesas y pasaban por Belagua ta Caserna y Santa Engracia, y por Tarbes ta Mauleón. Algún choben tamién iba a treballá t'a madera. Muitas d'aquellas chens se quedoron allí.

—¿Qué escuelas bi'stá n'Ansó?

—En bi'stá tres. A d'os grandes (agora la claman d'otra manera) se la quieren llebá ta Jaca pa que aprendan más; pa'stronchicá o lugá, sí que, y que crexca Jaca. Bi'stará sesenta críos. D'esto no me fa goyo charrá.

—¿Se charra o ansotano n'Ansó?

—No, solo lo charran os biellos. Bi'stió una d'época en que yera bergüenza charrá en ansotano; os forastés s'arreguiban y bi'staba maestros que no quereban que se charrara porque les parixeba que yera de chen atrasada. Agora ya s'ha metiu de moda y os críos no lo charran y no bi'stá qui les n'enseñe.

—Ixo d'o Tributo d'a peña San Martín, ¿qué ye?

—Os ganáus de Roncal y Baretón s'abreban en a misma fuen, en Ernaz. Bi'stió una riña de pastós y bi'stió muertos. Luego s'estendió en os lugás d'as dos bals. Bi'stió guerra muitos años. Luego s'aclamoron t'as chens d'Ansó pa que bi'stiera paz. Bi'stió un juicio n'a ilesia d'Ansó. O tribunal lo feban o alcalde y os concejals de alora y dion sentencia: «Os de Baretón pagarez a os de Roncal tres bacas, chobens, d'o mismo pelaje, dentaje y cornaje, todos os años y enta debán siempre». Se fa esta fiesta o día treze de julio y os alcaldes d'as dos bals dizen tres vezes «Pax avant» y lis dan os tres abríos.

—O baile de l'alacai, ¿cómo y cuándo se feba?

—Ye muito antiguo, ya s'ha perdiu. Se feba cuando esistiban as cofradías de Puyeta, al torná as chens d'armita. Yera una danza con pañuelos entrelazáus debán d'un estandarte. Ya no bi'stá chen que s'acuerde. Ixo s'ha perdiu. Tocaban con chirula y tambor, que yera o c'allí bi'staba alora pa fé o baile.

—¿Bi'stá ñeu pa podé esquiá?

—Bi'stá ñeu, pero ye menisté muitos dinés pa podé fé una estazión d'imbierno. No bi'stá güenas carreteras, que ye o principal, y a chen o que quiere ye comodidá y poco sacrifizio. En Mazandú, que ye paco, dura muito a ñeu, pero ye menisté í a buscá-la, y ixo cuesta treballo. Agora a chen ye blanda y solo ba en garras d'otri. Antis más íbamos caminando ta do bi'staba ñeu. Agora os chobens los crían muito fartos.

Francho Nagore Laín (1980 y 1987)

El profesor de la Universidad de Zaragoza, estudioso de la filología aragonesa y escritor en aragonés Francho Nagore visitó la localidad de Ansó en el verano de 1980. Recopiló allí varias coplas, las citadas [*Sale o sol por a Reclusa*] y [*Paco d'Ezpelá t'arriba*] —que solo presentan ligeras variaciones textuales respecto a las anotadas por Gregorio Garcés—, [*T'acuerdas que me diziés*], [*Adiós, paco d'Ezpelá*] y [*Si te casas en Ansó*], la última de ellas de claro contenido machista. Todas ellas fueron publicadas ese año en la revista *Fuellas* (Nagore, 1980).

Precisamente, y como se señaló en un estudio anterior (Benítez, 2015-2016), el mencionado Paco Puchó fue informante del investigador y le facilitó el refrán [*O pan con güellos*] y la copla [*Cuándo nos achuntaremos*], también recogida por Garcés. Ambos textos fueron editados en la obra, ya nombrada, *Replega de testos en aragonés dialeutal de o sieglo XX (materials ta lo estudio de l'aragonés popular moderno)*, cuyo primer tomo está dedicado al ansotano, al ayerbense y al belsetán (Nagore, 1987: 19).

En esta recopilación de escritos en ansotano llevada a cabo por Nagore, junto a textos ya publicados y a los que se ha hecho o se hará referencia, se dio a conocer, asimismo, el poema anónimo «Soi un pobre pastó» (Nagore, 1987: 23-25). Formaba parte de un estudio sobre el aragonés de Ansó realizado por alumnado de la Escuela Universitaria de Formación del Profesorado de EGB bajo la dirección del profesor Jesús Vázquez Obrador. Aunque la medida de los versos es variable, la composición mantiene, en general, la rima asonante en los pares, característica del romance. En cuanto al contenido, la poesía, escrita en primera persona, desarrolla el tópico horaciano del *beatus ille*, pues elogia la vida solitaria en la montaña, alejada de la ciudad, y el de la añoranza del tiempo pasado, que aparece, por ejemplo, en la poesía manriqueña.

Se transcriben a continuación las coplas citadas y recopiladas por Francho Nagore (Nagore, 1980), el refrán [*O pan con güellos*] y el poema «Soi un pobre pastó» (Nagore, 1987: 19 y 23-25).

[*Sale o sol por a Reclusa*]

Sale o sol por a Reclusa,
resplandeze en Maydoguí
y da güelta por Alano
a'scondé-se en Zardoquí.

[*Paco d'Ezpelá t'arriba*]

Paco d'Ezpelá t'arriba,
paco d'Ezpelá t'abajo,
y o primero que se troba
ye un gran sofá de buxacos.

[*T'acuerdas que me diziés*]

¿T'acuerdas que me diziés
en aquel rincón d'o establo?
O cochino pa testigo
y o burro pa secretario.

[*Adiós, paco d'Ezpelá*]

Adiós, paco d'Ezpelá,
polidas eslizaderas;
adiós, mozetas d'Ansó,
que me'n boi ent'a Ribera.

[*Si te casas en Ansó*]

Si te casas en Ansó
y te pinta bien a'strella,
tendrás mullé p'a cama
y burra pa trayé leña.

[*O pan con güellos*]

O pan con güellos y o queso sin d'ellos.

Soi un pobre pastó

En esta perra bida
tamién bi'stá cosas güenas;
biendo o mon tan majo,
se me ocurre pensá y tiengo ideas.
Si sabieray escribí-las…
Si sabieray de letras…
Soi un pobre pastó,
solo sé de corders y d'obellas.
Mis únicos amigos, os mejós,
que ni me fan reñí ni me dan pena;
ni me fablan mal de ninguno
ni me plenan d'embrollos a cabeza.
En cambio, aquellos ombres…
Si bajo ta o lugá y en a tabierna
busco con qui fablá
d'o mon u d'as obellas…,
ninguno me fa causo;
parixe que me desprezian;
ellos na más fablan de gobierno,
de reboluzions y de güelgas.
Antis más se bibiba d'otra manera.

Cuando puyábamos d'a tierra baja,
todos yéramos güenos amigos,
y no como agora, que por nada pelean.
Os zagals fablaban de as zagalas
y no bi'staba una riña más que por ellas.
Os mozez chugaban a marreo
y a retozá como fan as obellas,
sin ninguna malizia,
sin enterá-sen que bi'staba guerras
ni bombas ni cañons ni pistolas,
que solo conoxeban a escopeta
pa defendé-sen de os negros lobos
cuando en imbierno rondiaban as obellas.
Y os ombres fablaban de o suyo,
de o sabé de cada uno, que, a güena cuenta,
si ha de fablá con un conozimiento,
un abogáu sabrá dezí de letras
y un médico d'enfermos;
yo, labrando, de tierras.
Agora quieren fablá de todo, todos,
y ¿quí d'ixos sabrá o que se presca?
Pero riñen y se matan
os ombres, como fieras.
Aquello no ye bibí, que yo algo e bisto,
y o que uno no beye… ya l'en cuentan.
¡Ah! ¡Qué majo ye o mon!
Parixe que güele a tomillo y yerbagüena.
¿Pa qué quiero yo más que o que tiengo?
Posáu en esta peña,
soi l'amo del mundo,
que allá bajo de gritos y peleas.
O que busque paz en as ziudaz
loco se tornará de su cabeza.
Agora a mí se me antoja que ixas cosas
que beo en as laderas
se'n escapan de a ziudá y puyan
t'a montaña, fuyendo d'as fieras…,
pa bibí esta bida,
en do bi'stá paz, salú y cosas güenas.
Que s'esmicazen os ombres allá abajo,
que fablen de este mundo o que quieran,
que armen reboluzions, que fayan güelgas,

pero a mí que me dejen en o mon
solo con as obellas.
¡Soi l'amo del mundo
posáu en esta peña!

«Vejez y vida de un aragonés» (1980)

El último poema analizado y reproducido pone de manifiesto que, junto a una literatura de carácter más popular y tradicional, enraizada con la realidad social y cultural colectiva del valle, en la década de los ochenta del pasado siglo comenzó a cultivarse en ansotano otra de índole más individualista e intimista. Esa misma tendencia hacia el intimismo que se observa en «Soi un pobre pastó» (Nagore, 1987: 23-25) se halla presente también en la composición anónima «Vejez y vida de un aragonés», publicada en la sección «Cartas al director» de la revista *Jacetania* en diciembre de 1980.

Formalmente, con algunas variantes y ciertas irregularidades métricas, combina diferentes estrofas de carácter popular, como la copla o cuarteta asonantada —predominante en el texto—, la cuarteta, la quintilla o la copla de arte menor. Desde el punto de vista temático, el poema está dirigido a la Virgen para que esta ayude al yo poético en las penalidades de la ancianidad, según puede comprobarse en la transcripción de la composición que se realiza aquí («Vejez y vida de un aragonés»).

Vejez y vida de un aragonés

En este lugá tan grande,
por su fe y condición,
tenemos a Virgen guapa
allí, en o alta mayó.
Y ta ella me dirijo
con nuestra fabla de Ansó.

Pa qué viví, Virgen guapa,
sí..., pa qué viví ya
si aquel amó tan profundo
que se fue ta l'otro mundo
nunca podrá ya torná.

Sí, pa qué viví ya
si no vi'stá más que penas,
tiros, matanzas y guerras,
plorá…, plorá… y más plorá…

Y cuando en a cama estoy
agora, que no puedo pará,
soniando con muita pena
lo torno a recordá.

Y agora, que ya no puedo
bajá as escaleras ni puyá,
en cada tranco que bajo
chemecons tiengo que dá,
porque as rodillas señalan
que ya no se pueden doblá.

Y, si me meto a comé
con esta boca vacía,
no puedo fé más que momos
como aquel que desafía.

Si me'n boy a tomá o sol
t'algún rincón d'o lugar,
me se mete n'a cabeza
si no podré torná ya.

Y, si me meto a fablá
con algún choven d'agora,
no puedo ni disputá
porque me dicen que agora
tienen muita libertá.

Así semos os viejos,
machacons, lelos y fatuos,
pero os chovens, sin dá-se cuenta,
tamién les pasan os años.

Qué triste ye a vejez,
qué poca alegría da.
O malo ye que, sin queré,
con alegría o con pena,
todos queremos plegá.

Vení, vos, Virgen guapa,
ayuda-me a levantar,
que yo solo ya no puedo,
y Roseta m'aguarda ya.

¿Y yo qué os daré, Virgen guapa,
tan pobre que soy yo?
Si querez, os doy mi alma,
aunque de poco való.

Y a Roseta, ¿qué puedo llevá-le
tan feliz que me fició?
Dolós…, penas… A, no,
le llevaré esta fabla, que ye una pelra
y que muriéndo-se está como yo,
con una sonrisa pa vos y pa ella,
y una flo con muito oló.

María José Ostalé López, María Pilar Ostalé López, Rosa Ostalé López, María Lourdes Pardo Mendiara, Ana María Pérez Mendiara, María Esther Pérez Mendiara y María José Sánchez López (1980)

El uso del aragonés ansotano para escribir textos que requieren un lenguaje específico o especializado, iniciado a finales de la década de los setenta del siglo pasado con la guía del Museo Etnológico redactada por Pilar Mendiara, continuó a comienzo de los años ochenta gracias a un grupo de mujeres jóvenes que ampliaron la genealogía de la escritura en femenino en este dialecto. En concreto, las hermanas María José, María Pilar y Rosa Ostalé López; María Lourdes Pardo Mendiara; las también hermanas Ana María y María Esther Pérez Mendiara, y María José Sánchez López elaboraron en 1980 el estudio *Ansó*, que fue publicado en tres partes un año después en la revista *Jacetania* (Ostalé *et alii*, 1981a, 1981b y 1981c).

Es un estudio de ciencias humanas y sociales que aborda aspectos como la geografía, la demografía, la economía, la lengua, la indumentaria o el arte de Ansó y que fue premiado en un concurso organizado en la semana cultural de aquella localidad en 1980. En la versión original, que me fue facilitada mientras realizaba mi tesis doctoral, las autoras dan las gracias «a os hombres y mullés de edá, que nos han ayudáu a meté-lo en ansotano».

Se copia seguidamente el texto publicado en *Jacetania*, que presenta ligeras variaciones respecto al mencionado original, algunas de las cuales se incluyen en la transcripción (Ostalé *et alii*, 1981a, 1981b, 1981c).

Ansó

GEOGRAFÍA

O término municipal d'Ansó ye uno de os más grandes d'Aragón, en a provincia de Huesca, a ciento tres kilómetros d'a capital, o más alto de o Pirineo aragonés.

Linda con veintiséis lugás franceses y veintisiete españols. Tiene una superficie de veintiún mil cuatrocientas tres hectáreas. Con Francia, bi'stá cincuenta y dos kilómetros de frontera y otros tantos, con Navarra, aproximadamén.

Zuriza

Dende a collada d'Argibiela (puerto navarro), que une Belabarce con Zuriza, viemos un terreno vasto y creváu en muitos cachos, que puya hasta a collada de Zaparreta, otra vez boscoso. Una zona terrosa que nos lleva hasta a punta de Linza, pa después bajá ent'a collada de Petrachema (único paso natural). Dende allí, se veyen as Agullas d'Ansabere. Una punta con muitas brechas ye o Sobarcal.

Sigue o salvaje mallo de l'Acherito, por este lau impracticable, pero se puya por a collada. Dende l'Acherito hasta o Chinebral, y zarrando un triángulo con a Foya de os Ingenieros, ye un terreno muito bello, áspero y salvaje. Siguiendo a collada de l'Acherito, desembocamos en as parés de o Chinebral y Foya Gamueta, con un salto de unos cien metros.

A ladera opuesta ye distinta en constitución. Una loma de cascallo nos deja en a collada d'a Gorreta de os Gabachos. Por un terreno escabroso y descompuesto, plegamos ent'a cumbre. Serpeando o brusco cortáu de doscientos metros, que baja hasta Guarrinza, a cresta ye cada vez más difícil. Una meseta extensa, o mallo d'a Gorreta, acaba con a cresta. Un rapel, por o lugá más corto, nos deja en a esbelta brecha de Gamueta. Con unos cuidáus pasos puyamos ta o pico de Anzotiello. Un terreno similá ta Larra nos lleva ta o paso de Anzotiello. Unas lomas lo achuntan con a collada de Quimboa. T'a dreita, os redondeáus de Quimboa Bajo y o Pinaré; t'a izquierda, a divisoria «media luna» de Petraficha (Quimboa Alto).

Bajamos ta o paso de Petraficha y, por suave ladera, puyamos ent'a vista de Oza. Chipeta Alto y os picos de Tortiella y Estriviella. De pronto se trova o farallón d'as Forcas de Alano, que con agudas puntas guardan o valle. Por o paso de Taxera, única garganta de esta vertiente, plegamos ta o plano. Ent'a izquierda, a mayó altura, o Rincón y a collada achuntan con Achar d'a Forca, o pico más alto de o conjunto. Ent'a dreita, Achar d'Alano, Ralla d'Alano, Espelunga y Trasveral zarran este castillo natural.

D'a collada d'a Ralla con Espelunga baja una cresta de muita inclinación hasta a desembocadura natural de Zuriza, o río Veral. Torna otra salvaje arista a puyá Ezcaurri, bajá t'a collada con Abizondo y puyá su afilada cumbre pa bajá t'a collada d'Argibiela (puerto de Navarra), zarrando este magnífico valle.

POBLACIÓN

A manera de sé de os ansotanos ye muito diferén porque ha estáu muito tiempo metiu entre as peñas y cerros, pero ha sabiu salí enta fuera pa cultivá-se con os lugás y ciudás d'alrededó. Por ixa razón o caraute d'Ansó ye más serio y muito suyo.

Al entrevistá-se Ansó con os demás lugas d'alrededó ha perdiu muita chen que se'n ha iu t'as ciudás. En o año 1900 a población yera de unos 1200 habitans. En o año 1979 habeba descendiu ta os 600, ye decí, en setenta y nueve años ha bajáu en 600 habitans, a razón de unos ocho por año.

En a relación entre hombres y mullés, en os últimos cincuenta años o número de mullés ha siu superió en o periodo de 1932 a 1945. En os demás años os hombres las han superáu, y en a actualidá bi'sta una diferencia de 100 hombres más que mullés.

CLIMA

En as condicions climáticas aparixe como una zona de transición entre as influencias oceánicas que entran dende Navarra y as características propias de os valles de o Pirineo Central. As temperaturas frías de invierno y a presencia d'a ñeu dende noviembre a marzo condicionan a flora y a fauna.

Flora

1. Vegetación submeditérranea.

Está caracterizada por o caxico (roble adaptáu t'a sequía). O buxo abunda por doquiera. O caxical seco representa a vegetación entre os seiscientos y mil doscientos metros. En o porvení parixe que podrán aprovechá-se como pastos adehesáus, rodeáus de setos, buxos y matas espinosas.

2. Piso montano inferió seco.

Se caracteriza por extensos pinars con buxos y gayuba y una densa capa de molsa. Sustituyen a o piso de fayos d'a vertién septentrional pirenaica y ye una comunidá permanén casi climática. El erizón y algunos de sus acompañantes se meten en pinars claros y colonizan erizals antiguos. Os suelos de pinar musgoso bien conserváu son bastante parexius a os de fayar seco.

3. Piso montano húmedo.

Os fayos abundan con menó extensión en os mons d'Ansó. Os abetals con fayos son típicos d'este piso.

4. Alta montaña mediterránea alpina.

Os pinos abarcan repisas secas de grandes laderas. Ye un verdadero bosque propio de o Mediterráneo. Aparixe en Peña Ezcaurri, Alano, Peñaforca, etc.

5. Piso alpino y pastos alpinizáus.

Domina a gramínea de montaña atlántica acompañada por o regaliz. Por encima de os mil doscientos metros dominan as gleras, pastos sin suelo, pastos en escalera, pequeñas depresions con pasto ansotano y crestas de roca desfeita.

Fauna

Os animals se cobijan en diferens lugás feitos por o terreno, o clima y a vegetación.

A chen actúa con a fauna de dos formas: por o predominio de o ganáu en os pastos y por a eliminación de competidós. O lobo se extinguió probablemén dende o siglo pasáu, y l'oso presenta unas costumbres muito raras en o Pirineo. Otros competidós por o pasto, como o sarrio, o corzo y o bucardo, también han sufriu este golpe.

Aves. Entre as aves rapaces destacan o gavilano, os cernícalos, os milanos reales, o ratonero, o halcón abejero, a águila calzada, a culebrera, a águila real, o güitre, o alimoche y o quebrantagüesos.

Endemismos montanos y aves de distribución norteña, como o alcaudón, o dorsirrojo, o escribano, o cerillo, a perdiz alpina y miral, o gorrión alpino, o pito negro, a chova piquigualda y o acentor alpino, que en invierno baja enta o lugá.

Mamíferos. Entre os mamíferos destacan o corzo, o sarrio y o chabalín, que se come as patatas en as huertas y campos bajos fendo muito mal.

Peces. También a trucha de o Veral ye importán. Ye motivo d'actividás, conversacions y charlas entre as chens de o lugá.

O BOSQUE Y A ELABORACIÓN DE SUS PRODUCTOS

A extensión d'agora de o bosque en a Mancomunidá Ansó-Fago ye de unas 4300 hectáreas de pino silvestre, 249 hectáreas d'abetes, 737 de fayo, 930 de mixto pino-fayo, 385 de caxico con pino y 445 d'abete y fayo.

A importancia de o bosque en a vida económica ye de no fa muitos años, porque antis en a parte baja de o mon talaban os arbols pa sembrá a tierra y con a madera feban as casas y teneban leña. Agora a madera supone a mayó parte de os ingresos d'a Mancomunidá (aparte, o alquilé d'a serrería, ingresos por pastos, etc.).

Alrededó d'a madera bi'stá otros puestos de traballo. Icona emplea siete guardas fijos y cinco treballadós eventuals, que se aumentan en verano. En a serrería traballan treinta personas fijas, más quince-veinte hombres pa cortas y cuatro-cinco en a serrería en verano. Además, se trayen hasta veinte hombres de fuera pa treballá en o mon en verano.

Dende o punto de vista de ingresos y puestos de treballo, o balance ye importán pa o lugá.

Se cortan unos 9000 metros cúbicos de madera cada año (5000 metros cúbicos de pino, unos 2000 de fayo y 2000 d'abete, aunque varía). Se sierra en o lugá pa madera de construcción, tabla de carpintería, etc., y en bi'stá de varias calidás. Se fan algunos palés y queda algo que va destináu p'as papelerías.

O método de cortá ye aclarando por faxas (se cortan a metá de os que pasan de 18 cm de diámetro un año y o resto en o siguién). Se divide o mon en cinco tramos con un ciclo de 120 años. En cada tramo se corta a 24 años de madera, que a siguién corta corresponda a una edá d'a masa de 120 años. Se comenzó a finals de os 50 sustituyendo a entresaca tradicional (en que se va a por arbols determináus en o mon).

A repoblación natural parixe que se da bien pa o fayo. Pa o pino parixe necesario ayudá-le con un vivero. En as zonas bajas, que no se pastan muito porque bi'stá poco ganáu, o pino aparixe naturalmén y plena poco a poco as laderas.

A AGRICULTURA

A agricultura de os valles ha siu, historicamén, reducida y de subsistencia. Se cultivaban cereals, patatas, hortalizas, etc. Antis en algunos campos sembreban lino, que texeban pa fé linzuelos y camisas.

Bi'stá pocas posibilidás pa o cultivo. Se cultivan solo, por falta de mano de obra, de rentabilidá e interés, algunos huertos familiars. O resto son prados que no se suelen segá ni aboná. As posibilidás de regadío son muy pocas.

A GANADERÍA Y O PASTO

A trashumancia ye una adaptación. Abundan os pastos de verano, en invierno no en bi'stá, y ye por ixo que se tienen que llevá os rebaños t'a Ribera.

Historicamén, os valles de o Pirineo aragonés suelen bajá ta o valle de o Ebro y a Foya de Huesca. Dende a conquista de Zaragoza, en 1118, se extiende a trashumancia por Caspe, Alcañiz, Maestrazgo, Calamocha, Molina d'Aragón, Medinaceli... Un siglo después bi'stá una segunda expansión aragonesa.

Se consideran cuatro clases de explotación ganadera móvil: nomadismo, trashumancia propiamén dita, estivación y transterminancia. En o Pirineo trovamos a estivación y a trashumancia tradicional, aunque bi'stá a manera intermedia, que se parixe a transterminancia, en partes de o Pirineo francés y Alto Urgel. A estivación proviene de o Somontano y a Ribera. A trashumancia, de os montañeses.

Os valles afluens de o Aragón, como Ansó, explotan o ganáu de carne, tanto vacuno como ovino. Esta tradición ye de más importancia en os valles de Ansó-Fago y Hecho-Urdués, os únicos que fan trashumancia de bovino.

A trashumancia en Ansó tiene tres ciclos: o primero, antis d'a puesta en riego d'as grandes zonas d'a Ribera; una variante ye a de os invernans de secano; o zaguero ye con a invernada en terrenos de regadío o de huerta.

As ovellas, qu'han pasáu o invierno en a Ribera a base de alfalfars, sobras de huerta y rastrollos hasta o mes de mayo, plegan ta o esquileo en a Ribera o en Ansó. O coste sería de nueve duros por ovella y sacarían unos 700 kg de lana.

As ovellas puyan ta Ansó a fin de mayo y bajan t'a Ribera en octubre, aunque ye variable. Agora a puyada y bajada se fa en camión. Antis se caminaba por as cabañeras, costando hasta dos semanas plegá ta o destino. Os cordés naxius en otoño se crían con a leche d'as madres y se les ayuda con piensos compuestos, alface y panizo. Así, en tres meses alcanzan o peso necesario pa vender-los en Navidá.

Tamién existe en Ansó a trashumancia inversa de vacuno, invernando en as pardinas (Guara, La Peña, Biel) o en Biniés, Majones, cerca de o lugá.

Otro tipo de trashumancia ye a directa de os ganaderos de o Somontano que puyan t'as subastas de os puertos d'Ansó.

En Ansó a comienzos de siglo o tamaño d'as explotaciones yera reduciu, pero bi'staba bastantes ganaderos con más de 500 cabezas que llevaban pastós asalarius. En 1900 bi'staba en Ansó 40 800 ovellas, casi o tope alcanzáu por o lugá. O número de cabezas va bajando hasta el año 45 y siguientes. Agora (1945) plegan ta Ansó os ganaderos de Fago. Así puya o número de cabezas en Ansó, en grandes rebaños. Entre 1945-70 plega, por estos motivos, un nuevo tope con 33 725 cabezas. Después de 1970 a ganadería baja en picáu (en as ovellas) en Ansó y Fago. O motivo ye o abandono d'as casas grandes por falta de pastós y a baja rentabilidá.

O vacuno, historicamén, yera una ayuda pa o consumo d'a familia. A importancia aumentó después. En 1862 bi'staba unas 1000 cabezas. Bi'staba casas que teneban rebaños chicos y tamién bi'staba de 30-50 y más vacas.

A evolución ha sufriu muitos altibajos hasta plegá agora con 1700 cabezas, en do s'achuntan as trashumans con as estables. O tamaño medio d'as explotacions actuals ye de 20-50 vacas, aunque bi'stá varios ganaderos con más de 80 cabezas. O aumento de o vacuno ye porque necesita menos atención qu'as ovellas, deja más tiempo libre, ye productivo y se puede atendé por una o dos personas facilmén.

O caballá ha teniu siempre un número bajo de cabezas. En 1955, cuando más en bi'staba (700 cabezas), yeran grupos de 10-20 caballos. Después bi'stá descenso grande. En 1970 solo bi'stá ocho propietarios y en 1979 solo uno p'Ansó (3 caballos) y ninguno pa Fago.

O cabrío ye escaso. A partí de 1862 puya hasta plegá ta 3500 crabas en 1910. Se reparten en os rebaños de ovellas y bi'staba propietarios únicamen de crabas. Dende 1950 ye cuando se nota o descenso.

Razas de ganáu

A ovella ansotana ye «rústica, ancha de pelvis, no muito de cuartos traseros, lana fina, orella larga y cabeza y patas peladas», como dicen os ganaderos ansotanos. Puede dá leche (ye menisté muhí-las todos los días) solo 20 días después d'a gestación, pero ye a producción de carne a riqueza principal. Está acostumbrada a as condicions de o tiempo y de o terreno, y ye capaz de dá una lana excelén. Ye cosiderada por muitos como a mejó d'a raza rasa aragonesa, con lana basta y larga. Otros la comparan con a roncalesa y a salarcensa. Tiene muita resistencia.

O vacuno proviene d'a roya pirenaica, raza muito rústica. Os ansotanos dicen que yera «como una craba, más que en grande». Daba carne y serviba como animal de tiro. No necesitaba cuidiáus: en o mon aguantaba todo; pariba sola, etc. En a actualidá toda a cabaña vacuna, menos algunos ejemplars, ye de raza parda alpina, menos rústica qu'a pirenaica, necesita otros cuidáus y ayuda pa parí. Bi'stá intención de trayé a charolesa, raza rústica, pero que da canals de mayó peso qu'a parda alpina. Bi'stá algún semental particulá en o lugar y se cruzan con a parda. Bi'stá problemas al tiempo de parí. Ye fácil que os terneros naxcan muertos o que se crebe a pelvis d'a madre (pelvis estreita de parda alpina y ternero grande o de cruce), ya que se emplean sistemas de tracción pa ayudá a naxé o ternero.

O pasto: su ecología y problemas

O pastizal dura poco: o verano de tres meses. Os grupos de piso alpino, por encima de 2200 metros, tienen una vegetación herbácea. O largo tiempo que pasa cubierto de ñeu impide o crecimiento de os arbols. Ye o lugá de os pastizals naturals cerca d'as cumbres.

T'a parte baja, en o piso subalpino, bi'stá coníferas: pino negro con matorral.

En o piso montano (1500-1600 metros t'abajo) naxe o pino silvestre en as laderas secas y soleadas, y o fayo u o abete en os pacos con más humedá.

De 900-1000 metros t'abajo, os robledals, caxicos y carrascals serían a vegetación submediterránea.

Os pastizals son o producto de una explotación racional de o territorio. En o piso alpino os pastos han siu mantenius por a presión ganadera que bi'stá y o abono de os excrementos de os animals. En un valle ganadero como o d'Ansó estos pastos fueron extendius t'abajo de cara ta o piso subalpino. A quema d'a parte de superficie forestal después d'a tala en esta zona favoreció o desarrollo de os pastos aumentando a superficie.

Os pastos pirenaicos occidentals son d'a modalidá oceánica.

Os pastos d'a Mancomunidá Ansó-Fago tienen una extensión de 8064 ha (piso alpino) más 3088 (piso montano).

TURISMO

Ansó ye una zona natural privilegiada con paisajes agrestes de muita belleza. Os pueblos, Ansó y Fago, tienen una raigambre especial, un sabó antiguo en as carreras, en as casas de piedra tradicionals, etc.

Bi'stá unos servicios montáus en ixe turismo de verano. As piscinas, o restaurán, a fonda son una muestra. En a fonda, que se obre en verano, se pueden alojá 50 personas, pero han feito una ampliación y caben 20 camas más. Tamién bi'stá un hotel naturista con capacidá pa 15 personas. En muitas casas se alquilan posientos, o que podrían sé 40 o 50 camas más. Bi'stá una residencia de verano que alberga 70 personas. A capacidá d'alojamiento sería de unas 200 plazas, teniendo en cuenta tamién as casas zarradas que se obren pa os fines de semana y verano, propiedá d'ansotanos que viven fuera, compradas por chen de Zaragoza, chalets de nueva construcción...

En verano se multiplica a población de o lugá. En o invierno, por o contrario, tenemos l'otra cara d'a moneda. As casas quedan zarradas, ya no bi'stá turistas y o lugá queda aletargáu. Pero tamién bi'stá a posibilidá d'aprovechá a ñeu.

INDUSTRIA

A industria, tradicionalmén, ha estáu representada en o valle por a serrería. Agora ye insuficién, ya que a necesidá de puestos de treballo ye mayó qu'a capacidá d'esta industria.

Os deriváus d'a ganadería han siu pa o lugá una importán fuen de ingresos. Entre ellos destaca a elaboración de o queso.

Elaboración de o queso de ovella
Se enzarran as ovellas en os muhideros, que consisten en unos callizos estreitos de tres metros d'anchura en do no se pueden mové. O muhidó, currucáu con o cuerzo entre as garras, va muyendo cada ovella. Se mete a leche en a ferrada de madera, de unos siete cántaros de cavidá, colocada en o borde de o fuego con o fin de que a leche conserve o caló natural d'as tetas. Una vez depositada a leche en a ferrada, se echa o cuallo, que antis yera natural (de cordero o ternero de leche) y agora en bi'stá de muitas clases, pero siempre calculando que o cuallo faya a fermentación en o plazo de una hora. Una vez cuallada a leche, se desfá bien menuda dentro d'a misma ferrada. Luego se replega con muito cuidáu en una bola y se convierte en matón. Una vez feito o matón, se escodilla en os aros que bi'stá colocáus encima d'a faxella y a continuación torna a apretar-se con as manos y punchando-lo con unas agullas, que pueden sé d'acero o de madera, pa que salga o siero. Según va saliendo, se va pretando o aro con una cuerda hasta que se queda o matón solo o ya convertiu en queso.

Después se calienta un poco en o fuego, encima de unas losas de piedra, con o fin de conseguí a corteza de o queso. Luego se sala hasta tres días seguius, se lava con o fin de fé desaparixé a sal sobrante y se deja secá golviendo-lo todos os días.

Ye una tarea muito pesada, y por ixo a chen no lo fa agora, porque todo lo trayeban a carga con machos, con unos caxons, y teneban que salí a as cuatro d'a mañana pa plegá antis que calentara o sol pa que no se obrieran os quesos. Lo trayeban dende Guarrinza por o Vedáu.

Una vez conseguiu o queso, queda en a ferrada o siero, que se cuece en un caldero de do sale o requesón. Con o siero que quedaba se criaban os cochinos.

A FABLA ANSOTANA
O ansotano ye una variedá de o aragonés que se charra en o valle d'Ansó, más castellanizáu en a canal de Biniés. Su uso ha bajáu y a chen vieja lo fabla.
Características:
Una d'as características más ansotanas ye a pérdida d'a *r* zaguera, o que no ocurre en Fago. Os rasgos fonéticos son os de o aragonés.
Os artículos son *o, a, os, as*.
As contraccions no son frecuens cuando bi'stá preposición, excepto de *a, o*, con preposición. Ej.: *debán d'a caseta, ent'a fuen*.
Os demostrativos son *ixo, ixe, ixa*.
Ye muito vivo o uso de o relativo *qui*.
Os posesivos. Destacan as formas *nueso, nuesa, vueso, vuesa*, que no se usan más que en Ansó.

En os pronombres personals destacan as formas *ilotro, busté* y *bos,* que ye tratamiento de respeto.

As formas de dativo son *li, lis* y a manera castellana *se lo* ye *li'n* (debán de o verbo) y *li ne* (de zaga de o verbo). Ej.: *pregunta-li-ne, li'n tiroron.*

Os complementos adverbials tienen uso frecuén con as maneras *ne, en, bi, i.* Ej.: *en tien, no querió dá-te-ne uno.*

A forma impersonal d'*habé* ye *bi'stá.* Ej.: *no bi'staba pan en casa, no bi'stá camino.*

Ye usual o partitivo *de.* Ej.: *de gordas, en tiengo.*

Os verbos de movimiento se conchugan con *habé.* Ej.: *se'n ha iu.*

Fuera de os irregulars (*feito, dito*), os participios acaban en *-au, -iu: puyáu, pleviu.* A tercera persona de o plural de o pasáu indefiniu acaba en *-oron: puyoron, dioron.* Ye menos frecuén en *-ón: plegón.* Alguna vez acaba en *-ieron: dizieron.*

Característica muy propia d'Ansó y de os pueblos cercanos ye meté en quis d'a *i* zaguera d'as primeras personas de os verbos una *y: febay, tenabay...*

De os adverbios destacan, además de os más comuns, *anitarde* y *l'otro antisdayé.*

A más grande parte de o léxico ye como o d'Echo y otras zonas de o Alto Aragón, especialmén occidentals, con pocas excepcions, ya sea en a forma (*fau ~ fayo*), ya en otro tipo léxico (*chumpadera, sabaya, magoría*). En este caso son palabras prerromanas-vascas o, al menos, en relación con as de o Roncal y otros valles de o Pirineo navarro. Tamién bi'stá palabras de origen románico no conservadas en otras variedás.

A fabla ansotana no ha teniu cultivo literario.

Una anécdota que demuestra a antigüedá d'a fabla ansotana ye:

Bajaba José de Chorchis cuando yera chico por a costera de o Veral y una mullé vieja lo clamó así: «Gusepe, aguaita, niño, aguaita».

O TRAJE ANSOTANO

O de fiestas d'as mullés ye a basquiña con o pañuelo y adornáu con o escapulario y o sofocante.

A basquiña meya ye a de treballo, remangada sin adornos y con o pañuelo ligáu ta debán.

Os novios, pa casá-sen, llevaban o traje de iglesia (a saya, a mullé, con adornos de vivos, y o novio con a anguarina). Después d'a ceremonia os novios se vestiban con o traje lujoso, de basquiña con plata a novia, y o novio sin a anguarina, y luciba o pañuelo de novio y o sombrero con o cordón.

O día de San Sebastián, que ye a fiesta de o lugá, elegiban a moza de cofradía pa presidí as fiestas patronals y a cofradía d'a Virgen de Puyeta.

69

Os días de fiesta iban t'a iglesia con o traje de saigüelo y a mantilla blanca, que ye igual que a d'a saya.

Pa todos os trajes, o peináu ye con churros y trenzadera.

O traje de bautizá ye de toquilla y o de confirmá lleva a mesma gorra de periquillo.

O calzón, en os hombres, tamién ye pa os días de fiesta más pincho que pa os días de labó, pero simpre se clama calzón y o traje d'as mullés siempre se clama basquiña.

TRAJE ANSOTANO

O TRAJE D'AS MULLÉS
— FIESTA
— TREBALLO
— NOVIA
— SAYA
— SAIGÜELO
O TRAJE DE OS CRÍOS
— BAUTIZO (igual pa crío que pa cría)
— CONFIRMACIÓN (igual crío y cría)
— SAIGÜELO COLORÁU (solo pa cría)
O TRAJE DE OS HOMBRES
— FIESTA
— TREBALLO
— NOVIO
— ALCALDE
— ANGUARINA

ARQUITECTURA ANSOTANA

Cómo ye a casa típica

A casa típica ansotana ye de piedra y tiene dos plantas y a sabaya.

En a primera planta está o solero, que está feito de piedras ovaladas y metidas de manera que forman dibujos de estrellas o flores. Os demás cuartos d'a planta baja son o cuarto de masá, a cuadra y uno, trastero, en o que está o lavadero o a leña. De esta planta sale a escalera, que ye de madera, hasta la segunda planta, en do se trova a cocina y os posientos.

En a cocina bi'stá fuego bajo, que se enciende sobre una losa de metal. Tiene un tranco sobre o que se mete a leña. En os laus bi'stá dos fierros fuertes que se claman caminals. A chaminera ye de campana, y de un madero que cruza en metá caye o canaril, que ye una cadena de fierro pa colgá o caldero.

Una d'as piezas d'a cocina ansotana ye o tedero, en o que se meteban tiedas encendidas cuando no bi'staba luz. O suelo d'a cocina yeran losas negras muito brillantes y finas que rodeaban o fogaril. A cambra yera de madera. A cadiera se mete en un lau de o fuego, y en algunas se meteban piels d'ovella curtidas.

Tamién bi'stá en a cocina armarios y espederas, en do se colgaban as tapaderas de os pucheros, as raseras, os cazos y o cucharetero.

O suelo de os posientos ye de madera y tienen alcobas, en do se mete a cama. En os posientos bi'stá unos armarios, que se claman rinconeras, que se meten en os rincons y se quedan justo metius en a esquina.

A lacena ye un armario ropero muito grande que sirve pa meté as basquiñas y os linzuelos.

En o descansillo d'a escalera bi'stá a ferradera, que ye en do se guardan as ferradas y as vajillas.

Os rincons típicos

O RINCÓN D'ANIMETAS. En o año 1979 ixe rincón fue dedicáu a a Universidá de Verano de Jaca.

O RINCÓN DE ORNA. En este rincón ye importán a antigua chaminera. Otra chaminera antigua ye a de casa Juana.

O RINCÓN DE LOPICO. Destacan as casas de piedra, os balcons antiguos de madera y as ventanas estreitas.

ARTE SACRO

A iglesia d'Ansó ye antigua, y por ixo ye muy visitada por os turistas.

A parte de fuera ye de estilo gótico, aunque por dentro bi'stá otros estilos de siglos posteriós.

O altá mayó ye barroco. Se veye principalmén en a columna salomónica que bi'stá en os laus, puyando en espiral, con rácimos de uvas engarzáus. A figura principal ye san Pedro (en metá de o altá), y en os laus están san Juan (en a dreita) y san Pablo (en a izquierda). Otras figuras son os cuatro evangelistas, o lavatorio de pies, a crucifixión de san Pedro...

Bi'stá dos altars más chicos en os laus d'a iglesia que son de estilo renacentista (segunda metá de o siglo XVI).

O altá d'a izquierda ye o d'a Virgen de o Rosario. Bi'stá tres figuras: a Virgen de o Rosario (en metá), o apóstol Santiago (en a izquierda) y a Magdalena (en a dreita).

Encima d'as figuras bi'stá o escudo d'Ansó. Debajo se veyen tres relieves, que son a Adoración de os Reyes, o Nacimiento de Jesús y Jesús en o Templo.

En os altars bi'stá detalles aragoneses. Son de o año 1625. O d'a dreita ye o de S. Sebastián, y entre otras figuras están S. Sebastián, S. Lorenzo, a Asunción d'a Virgen...

Os cuadros que bi'stá en a iglesia son de estilo renacentista (s. XVI), d'a escuela de Zurbarán. Una d'as cosas que más való tiene en a iglesia d'Ansó ye a sillería de madera que bi'stá en o coro.

En o Museo Etnológico que bi'stá en a iglesia se trovan muitas cosas antiguas, algunas descubiertas al fé as obras de este museo.

As piezas más antiguas son de o siglo XIII. Se guardan como una reliquia muito importan pa o lugá as joyas y as coronas d'a Virgen de Puyeta, cuya imagen, por motivos de seguridá, ya no se trova en a ermita, sino en o templo de o lugá.

Josefina Mendiara Gastón
(1982, 1983, 1986, 1987, 1988 y 1992)

Esta genealogía de textos en ansotano redactados por mujeres continuó en los años siguientes con otras figuras femeninas. Entre ellas se halla Josefina Mendiara Gastón, que fue concejala, teniente de alcalde y alcaldesa de Ansó, además de una persona muy comprometida con el patrimonio cultural de la localidad en general y con su indumentaria tradicional en particular.

Su labor como escritora en ansotano ha continuado en estos inicios del siglo XXI. Así, como se ha indicado, Josefina Mendiara ha sido una de las autoras del citado *Diccionario del dialecto ansotano* (Mendiara Ornat *et alii*, 2003a), del breve artículo «O ansotano» (Mendiara Ornat *et alii*, 2003b) y de *O catón: replegando as tradizions ansotanas* (Mendiara Ornat *et alii*, 2006). En solitario, y en estas mismas fechas, ha escrito las composiciones «Día de San Antón» (Mendiara Gastón, 2009a) y «L'onso» (Mendiara Gastón, 2009b) y los relatos breves «Casorio esfeito» (Mendiara Gastón, 2017) y «Saludo pa os críos d'a escuela» (Mendiara Gastón, 2018).

Pero ya en 1982 había redactado el poema «Presentando Ansó», que se publicó en las revistas *Fuellas* —bajo el seudónimo *Una Ansotana*— y *Jacetania* —con las iniciales G. M. J.—. La composición, que, con algunas irregularidades métricas, está formada mayormente por coplas o cuartetas asonantadas, fue creada para presentar el Día de Exaltación del Traje Ansotano.

Se reproduce a continuación el texto publicado en *Fuellas*, que solo presenta pequeñas variaciones respecto al original que en su día me entregó la autora (Mendiara Gastón, 1982a).

Presentando Ansó

Puyando por toda España,
astí alto, por a dreita,
bi'stá un rincón escondiu
que tiene muita belleza.

Ye de ranzia tradizión,
costumbres, fe y grandeza,
que fueron a admirazión
d'os senzillos y a nobleza;

de Chaime o Conquistadó,
que gobernaba esta tierra,
y de bellos suzesós,
que querrioron protegé-la.

Este rincón que ye Ansó
tiene cosas muito güeñas
que plenan o corazón
d'os que bienen a biyé-las.

Hasta a meseta Os Tres Reis,
desde Fórcala, bi'stá un tirón
de sesenta y tres kilómetros
que con Nabarra fan unión.

Y d'Os Tres Reis ta Candanchú,
mejó dito t'o Somport,
zincuenta y tres en tenemos
que con Franzia achunta Ansó.

En ixe punto que Franzia
se chunta con Nabarra y Aragón,
as conzesions nos fizieron
por real predilección,

dando onoríficos cargos,
amás de todos os mons,
de noble y fidelísima
villa de Ansó.

Todos os puertos y as selbas
qu'enzarran estos mons
son una riqueza tremenda
pa este lugá d'Ansó.

Os ganáus que t'aquí plegan
en o tiempo que fa caló
y a ñeu que caye en ibierno
son os adornos d'os mons.

Y pa no fé-nos más largos,
cambiando de combersazión,
enseñaremos os trajes
d'a basquiña y d'o calzón.

Desde o traje de bautizo,
y luego o de confirmazión,
hasta a saya y a anguarina
en i'stá una colezión;

con platas y escarapelas,
cacherulos y balons,
y otros muitos complementos
que agora no foy menzión.

Todos ixos relicarios
que siglos los trasmitió,
luzí-los en o Museo
ye tamién nuestra ilusión.

Pues o lugá no digamos
que no ye una esposizión,
metiu en o fondo d'o balle
entre o río Veral y os mons.

Si pasaz por as carreras,
en cualquier casa u rincón,

y si charraz con as chens,
trobarez algo de distinzión.

Orgullosos nos sentimos
con a iglesia os d'Ansó,
pues catedral d'o Pirineo
ya bi'stió qui la clamó.

A Virjen de Puyeta
y san Sebastián, o patrón,
nos asisten y amparan
y escuitan as orazions.

Conserbando o que tenemos,
con güena administrazión,
se puede bibí felizes
en este lugá d'Ansó.

En relación con este texto, se halla el «Saludo» en ansotano que iniciaba el programa de la III Semana Cultural y la XII Exaltación del Traje Ansotano, celebradas en Ansó del 15 al 22 de agosto de 1982, del que la propia Josefina Mendiara ha reconocido ser autora, aunque aparezca sin firmar (Mendiara Gastón, 1982b).

Saludo

As chens d'o lugá d'Ansó, en a III Semana Cultural, conbidan a cabilá en as tradicions que muitas veces parixe que se pierden y ye menisté que os que vienen de zaga repleguen todo o que ye cultura ansotana.

Tamién trobarez otras distracions, que todo ye preciso, y no por ixo dejan de sé cultura.

Asina, o que fa falta ye que todos podaz sacá chuco y os trobez a gusto en os actos que va a vi'stá estos días en Ansó, unius ta a gran fiesta, bien merexida, d'o Traje Típico.

También participó Josefina Mendiara en la redacción del «Saludo», firmado por la Comisión, que abrió el programa de las fiestas patronales celebradas en honor de san Sebastián en 1983 (La Comisión, 1983).

Saludo

¡Hola, amigos!

Un año más, estamos con vusotros pa organizá y celebrá as fiestas en honor a o patrón nuestro, san Sebastián. A Comisión de Fiestas hemos metiu toda a ilusión que hemos podiu en a preparación d'estos días, aguardando que os divertaz, con muita alegría, tanto vusotros, ansotanos, como a chen que acuda a Ansó.

¡Vivan as fiestas d'Ansó!

En 1987, cuando llegué por primera vez a Ansó para realizar la tesis doctoral sobre su habla, Josefina Mendiara me entregó, además de la composición «Presentando Ansó», como se ha señalado, otros escritos suyos: por un lado, el guion que con motivo del Día de Exaltación del Traje Ansotano se había utilizado para presentar al público los diferentes trajes el año anterior y que continuó utilizándose en los siguientes; por otro, los poemas «Un sueño feito realidá» —sobre la creación de la nueva residencia de ancianos de Ansó— y «Presentación» —redactado para la citada fiesta del Traje Ansotano—, que, no exentos de algunas irregularidades métricas, siguen el esquema de la copla o cuarteta asonantada. Dado que todos los textos han permanecido inéditos, resulta interesante darlos a conocer en el presente estudio (Mendiara Gastón, 1986, 1987a y 1987b).

[*Guion para el Día de Exaltación del Traje Ansotano*]

TRAJE DE ALCALDE

Este primer traje ye o de alcalde, que, con o calzón, a montera y a vara, preside en o lugá os acontecimientos.

TRAJE DE COFRADÍA

O traje de cofradía ye o que vestiba qui hoy diríamos a reina d'as fiestas. La elegiban o día de San Sebastián, que ye a fiesta d'o lugá. Lleva o saigüelo negro y as mangas, blancas, adornadas con cintas. As joyas que se meten en a escarapela son as vírgenes, os crucifijos, a joya... O peináu ye o mismo que o d'a novia.

TRAJE DE TREBALLO (MULLÉ)

A basquiña de os días de treballo se distingue d'a d'os días de fiesta en que por de zaga lleva o plisáu d'abanico y por debán ye lisa. Pa podé fé mejó o treballo, se remanga sobre a cintura y se abrocha por de zaga;

asina se quedan a a vista as inaguas de cuadros o listas. No lleva adornos. O peináu ye de churros y o pañuelo se lleva caiu t'abajo y ligáu con un ñudo ta debán.

TRAJE DE TREBALLO (HOMBRE)

Se distingue de o día de fiesta en os zaragüelles oscuros y en a camisa de rayas. Se meten tamién a blusa oscura. Se'n iban de casa con a brenda en as mangas y tornaban plenas de frutos d'o tiempo: usons, rebichuelos, mazanetas de mon, chordons, sarrions...

TRAJE DE FIESTA (MULLÉ)

Este traje ye o d'os días de fiesta. O traje d'as mullés ye a basquiña verde, a camisa de gorguera, as mangas con azabaches y con a cuerda por de zaga pa sujetá-las y os botons de filigrana de plata. Por debajo d'a basquiña, as inaguas, as calzas y o calcero negro.

Pa adorno, o escapulario y o sofocante. Llevan o peináu de churros con trenzadera colorada. Si ye negra a trenzadera, se meten redecilla blanca d'agullas. Acabando o adorno d'a cabeza, os pañuelos bien polius, de muitos colós, colocáus con muita gracia.

TRAJE DE FIESTA (HOMBRE)

O traje d'os mastos ye o calzón. Lleva camisa y os zaragüelles blancos de piqué, o chaleco, os balons de panilla negra, a faxa morada. As calcillas, que no se beyen, les fan as piernas más gordas y se sujetan con a estribera por debajo d'o talón. Ixas calcillas son d'algodón pa que no pique a lana en as garras. As calzas son negras, de lana, con estriberas, y o que cubre o pie ye o peduco de lana negra.

En a cabeza llevan o cachirulo y o sombrero negro con ribete blanco y o cordón con fleco colgáu ta zaga.

TRAJE DE NOVIOS DE CALLE

Destaca o coloriu d'o traje de calle d'os novios. A novia lleva os adornos d'a escarapela y a plata, además d'os que llevan os días de fiesta. As mangas llevan adornos de azabache y están achuntadas con a cuerda de cintas de colós. O peináu ye o de churros con a trenzadera colorada.

O novio s'ha tiráu a anguarina d'a iglesia y s'ha metiu o pañuelo de seda natural encima d'a faxa.

TRAJE DE SAIGÜELO

Este ye o saigüelo. A tela ye de lana texida en os telás d'Ansó. Lleva a mantilla con a tufa, que completa o traje. As prendas de dentro y o peináu son, como todas as mullés, de basquiña.

TRAJES DE BAUTISMO Y CONFIRMACIÓN

O traje de bautizá os mocez y as mocetas ye a toquilla o gorra de bautizá con o chibón, o faxadero coloráu, a zalexa, que ye un pañuelo de seda natural, o mismo que emplea o novio. Por debajo llevan os baldeños blancos.

O traje de confirmación ye o periquillo o gorra de periquillo, o chibón, a babera, que ye o debantal, y o faxadero coloráu. Como calzáu, calzas de peladillas y abarcas negras.

TRAJE DE SAIGÜELO COLORÁU

O traje de saigüelo coloráu que viyez lo vestiban al fé a primera comunión. Más tarde les meteban a basquiña verde que llevaban estas mocetas. Pa acompañá as bodas llevaban a bolsa d'as arras.

TRAJE DE NOVIO DE IGLESIA

O novio lleva anguarina que se mete pa casá-se. Debajo lleva o elástico. As calzas son de peladillas. En o sombrero, o cordón de borlas de colós.

TRAJE DE NOVIA DE IGLESIA O DE SAYA

Iste ye o traje de saya propio d'as grandes ceremonias. No se'n trova otro tan poliu ni con candil. Lleva a camisa de gorguera, as inaguas, o saigüelo y a saya con plisáu d'abanico, remangada por debán y replegada ta zaga en forma de mariposa. Os adornos que viyez son o debantal de brocáu, as cintas de vivos, con o coló y a hermosura que o casmiento merexe. Os colós d'as cintas d'as bocamangas, d'a replegadura y d'o debantal son según a ceremonia (de entierro, de boda o de bautizo) y coinciden con os d'as casullas de celebrá. También lleva a mantilla con tufa.

Un sueño feito realidá

¡Yera soñá con a luna!,
pensábamos en Ansó
cuando mosén Dámaso deciba
qu'iban a fé otra Fundación.

¡Con as monjas que tenébamos
dándonos o corazón
y o cubilá casa Cocorro
ya nos parixeba pro!

Ixa idea a o Patronato
muito bien le parixó

y tos chuntos emprendioron
a buscá as solucions.

Afincá-la en un terreno
qu'o Ayuntamiento cedió
fue un acierto merexiu
qu'o lugá lo agradeció.

Dña. Trinidá desde o cielo
y as hermanas con oracions
ficioron o que podioron,
porque Dios los aduyó.

Nunca reconoxeremos
o qu'esta mullé fició
dejando os biens que teneba
pa o lugá que bien querrió.

Agora dicen as chens,
con muita satisfación,
que vi'stá una Residencia
que ye orgullo d'Ansó.

Ent'allí iremos plegando
garifos y con ilusión,
¡qu'asina no nos trobaremos solos
en a cayida d'o sol!

Presentación

¡Bienvenius y bien halláus!
Os lo decimos a todos,
a os que estabaz en Ansó
y a os que hez veniu hoy solo.

En este bello rincón
a todos os acogemos,
a os que soz de alrededó
y a os que seaz extranjeros.

Todos chuntos, en familia,
unius en un abrazo,

imos a añorá y viví
o que tenemos de antaño.

Este lugá, con su historia,
todos os mons, con su cielo,
que a Providencia dejó,
presentar-os-lo hoy queremos.

¿Pero verdá que hez veniu
por viyé algo más que esto,
que sabez que está escondiu
en as arcas y os museos?

Ya no falta decí
que son os trajes de Ansó,
con o tesón, a riqueza,
elegancia y variación.

Desde o traje de bautismo,
y luego o de a confirmación,
hasta a saya y a anguarina
en bi'stá una coleción.

De este renombráu traje
de a basquiña y o calzón
dicen que en o siglo XIII
empezoron a confeción.

Aquí sembraban o lino,
cardaban y filaban a lana;
en casa Camín texeban
y luego palotiaban randa.

Os botons y os guides feban
pa meté-los en as mangas;
recrebaban as gorgueras,
en o sol se almidonaban.

Escaldaban os plisáus
y as piedras yeran as planchas,
y con as piels que curtiban
feban abarqueras y zamarras.

As cintas y os azabaches,
os escapularios y as platas,
pendientes y sofocantes,
todo yera o que adornaba.

Pero, si aguardaz un instante,
dejando os años ta zaga,
iz a viyé de verdá
todo esto que os contabay.

Como ya había hecho siendo teniente de alcalde, en su etapa de alcaldesa Josefina Mendiara continuó promoviendo el uso escrito y público del ansotano. Por ejemplo, el «Saludo» de la XVIII Exaltación del Traje Ansotano está redactado en tal variedad dialectal y, aunque sin firma, es obra de la pluma de la escritora, según ella misma ha confirmado (Mendiara Gastón, 1988).

Saludo

Ansó os convida a todos os que queraz achuntar-os en esta fiesta, que ye tradición en o lugá nuestro, pa fé-le os honós que merixe a o traje típico ansotano.

Astí s'están fendo muitas actividás culturales, pero esta ye como a cullitadera d'o treballo nuestro de toda l'añada.

Pa nosotros ye un orgullo podé lucí os trajes y un honó de que vusotros vengaz a vié-los.

Aguardamos que chuntos en este día nos plenemos de goyo en Ansó.

En 1992 Josefina Mendiara publicó el poema «Recuerdos que fan goyo». Compuesto también por coplas, con alguna irregularidad métrica, se presentó a un concurso de Radio Ansó organizado por el alumnado de la escuela de la población y fue publicado en la revista *Jacetania* (Mendiara Gastón, 1992).

Recuerdos que fan goyo

Pillo o lápiz pa escribí
con una güena intención
de fé-les causo a os zagals
que fan ixa emisión.

Si os antepasáus tornaran
y escuitaran «Radio Ansó»,
de milagro u brujería
fablarían con razón.

«¡Todo o d'antis s'a perdiu!»,
se escuita en os carasols;
os tiempos llevan y trayen
o que p'as chens ye mejó.

Os mocez nunca teneban
chug[u]etes pa distracions;
muito menos se sabeba
de vidios y televisions.

Sí que feban escurrí
y escudriñá alredó
con qué podeban chugá
y trová una diversión.

Tabas, cotos, chumpaderas,
vencellos pa saltadós,
pilotas duras de lana,
redondas y tiradós.

Meté-se en l'era en os trillos
yera a gozada mayó,
como aguardá o craberío
fendo marreos a discreción.

Montá-se en os burros yera
cuasi o deporte mejó,
amás si yiban con jalma
cuando tornaban d'o mon.

Con a ñeu, eslinaderas,
pilocos y os candelons…
yeran os chupachús
que en otros tiempos vi'stió.

Pa San Sebastián cheratas,
esquilas pa San Antón,

y os escaldáus y formigos
les feban entrá en caló.

Muito vi'stá pa decí,
pero ya no foy mención;
sí que ye güeno en o lugá
conservá as tradicions.

En esas mismas fechas, en el curso 1992-1993, la autora entregó a Nicolas Quint, que entonces realizaba su *mémoire de maîtrise* sobre la morfología verbal del ansotano, el texto en prosa «Romería d'a Virgen de Puyeta». Fue publicado años después en la revista *Fuellas*, cuya edición se sigue en la presente transcripción (Mendiara Gastón, 2003 [1992-1993]).

Romería d'a Virgen de Puyeta

A patrona d'Ansó ye a Virgen d'a Puyeta. Se clama asina porque a ermita está en l'alto d'una puyada. Según a tradición, empezoron a obra bajo, en do está a caseta Chiquí, y de noches se cambiaba o que vi'staba feito enta do'stá agora. Con ixo ya no se lo pensoron más. Allí fizioron a'rmita, a casa con o forno y o'stablo.

Allí viviba o ermitaño con a familia. Tocaba a campana al fé-se de noches pa aviso d'os perdius.

To l'año se feban muitas visitas ta Puyeta pa rezá-le a la Virgen. Parixe que yera una obligación contá-le todo e pedí-le favós. Se feban novenas, rogativas, pero a principal fiesta yera y ye a romería. Tamién la fan en otras fechas os vecinos d'os lugás de Fago y Majones.

A romería se celebra igual qu'antis, o día d'a Natividá d'a Virgen, que ye l'ocho de setiembre si caye en domingo, y si ixe día ye de treballo, o domingo dimpués.

Antis más os cofrades preparaban a fiesta. Se'n puyaban una semana'ntera pa fé ixe quefé. A familia d'o cofrade feba a chenta pa tos os varons cofrades. Amás, al posá-se en a mesa, cada uno se meteva chunto un mocé, que le deciban «o perré», pues yera enseñá-le de chiqué as güeñas costumbres.

Se puyaban t'a cofradía con as caballerías u caminando por o Concello Usarna. Al plegá ta o barranco de Puyeta, se cantaban os goyos, que empiezan asina:

Pues os puso en esta altura
la Providencia del cielo,

sed nuestro amparo y consuelo,
de Puyeta Virgen pura.

Al plegá daban a güelta por a'rmita cantando y rezando en procesión.
Seguiba a celebración d'a misa en honó d'a Virgen con gran solennidá.
Toda a chen, aparte d'os cofrades, que chentaban entro a casa, saca-
ban as viandas d'as alforchas y, fendo corros, s'acomodaban alredó, por
l'era, tamién a chentá.
Jotas, bailes y güena armonía feban d'este día o mejó goyo que se
podeba aguardá. S'acababa, y agora tamién, con o rezo d'o rosario y o
zaguero canto alegre de l'himno:

Eres, Virgen de Puyeta,
de este valle el corazón,
y por reina te proclama
la noble villa de Ansó.

Al torná t'o lugá, en o puen de Veral, saliban a aguardá a romería con
a cruz adornada con cintas. Os diáconos y mozos bailaban o alacay.

Ana Pérez Mendiara (1982 y 1989)

Como Josefina Mendiara, Ana Pérez Mendiara, licenciada en Filo-
logía Francesa y profesora, que, según se ha indicado, había partici-
pado en el trabajo colectivo *Ansó* (Ostalé *et alii*, 1981a, 1981b y 1981c),
publicó en 1982 otro texto en ansotano. Se trata del artículo «Ansó y
os trajes suyos», que fue recogido en las páginas de la revista *Orache*
y que se reproduce bajo estas líneas (Pérez Mendiara, 1982).

Ansó y os trajes suyos

Ansó no ye solo que chamineras polidas y callizos estreitos chupius de
tipismo altoaragonés. Ansó ye bella cosa más qu'ixo. Ansó ye un lugá bibo
y con a suya cultura, os suyos costumbres, as suyas canzions y, muito espe-
zialmén, por o suyo traje, tan poliu y tan típico. De zaga d'os muros de
piedra d'as casas ansotanas bi'stá un corazón latiendo que fa que todo o
lugá se bulque en conserbar-lo, difundí-lo y dá-lo a conoxé a toda a chen,
fé posible creá un entorno real a ixas chamineras y telláus, como fendo
una furicada a o paso d'o tiempo, qu'año tras año enriste furo y ba tirando

chen d'iste poliu lugá aragonés qu'estió cuna y naxedero d'Aragón y que agora, alzando as suyas radizes de simién d'a nuestra tierra, renaxe con esplendó formidable un día: o Día d'o Traje. Alora ye cuando más se puede vier qu'Ansó no ye solo carreras solitarias y fenés de crabas furicaderas. Ansó ye cultura.

Siempre que se charra d'Ansó, en o primero que se piensa ye n'as casas de piedra, n'as típicas chamineras, n'os costumbres suyos y, sobre todo, en os trajes. Ixos trajes meyebals, plenos de riqueza y coloriu y de muita bariedá, d'os que todos han sentiu charrá bella bez. Ixos trajes, que, año tras año, os chobens d'Ansó se meten pa luzí-los en un gran día de fiesta y que son motibo de tanta almirazión por parte d'as chens que plegan de fuera solo que pa bie-los.

Todos os años, durante un día, o lugar se biste de gala y todo o que tiene un traje en a casa suya lo saca d'a lazena, lo atrapazia cuidadosamén y lo deja a punto pa que de mañanas pueda luzí-lo con o mayó esplendó. Son muitas as chens que lo llevan, cada año más y con una ilusión más grande. De mañanas, muito luego, cuando son as 6 u as 7, en muitas casas se treballa ya n'a costosa faina de vestí. Pa meté-se o traje as mullés ye menisté que lis n'aduyen porque o peso y a complicazión d'as ropas ye muita, espezialmén o peináu.

Son muitas as prendas que han de meté-se as mullés y todas distintas, según a bariedá d'o traje, pero todas de igual riqueza, antigüedá y originalidá. Dende o traje de treballo, o más simple, ta o de saya, o más poliu, chunto con os d'os críos, todos son llebáus por muitos chobens, que meterán toda a ilusión suya en luzí-los d'a mejó manera posible.

Asina, a ixa temprana ora d'a mañana, cuando en as carreras d'Ansó aún no bi'stá chen y os forasteros no han plegáu, bi'stá una gran actibidá n'as casas. A monico, as carreras se'n irán plenando de chen y prenzipiarán a bié-se os trajes. Primero, os de treballo, os más madrugadós, que tienen que repartí as migas a os que i plegan. As mullés, con a basquiña meya, remangada por debán, con o pañuelo n'o tozuelo, ligáu ta debán, y con a ferrada u o fuso n'a mano. Os ombres, con os de fiesta. A mullé, con a basquiña verde, a camisa de gorguera, o escapulario, o sofocante y o pañuelo ligáu con nudo t'alto. L'ombre, con zaragüelles blancos y lástico. Os trajes de nobios, con a escarapela y a plata y o peináu de churros a mullé y con sombrero con borlas y o pañuelo de seda o nobio. Os de cofradía, con o saigüelo negro, as mangas blancas y a plata. O d'alcalde, con a montera y a bara. O d'anguarina. Os de saigüelo, con a mantilla blanca, y os de saya, que son os más bistosos, con o saigüelo negro y otra basquiña enzima remangada por debán y replegada ta zaga, con zintas n'as bocamangas y n'a replegadura, cuyos colós coinziden con os d'as casullas de zelebrá y son según a zeremonia. Tamién os d'os críos: o de bautizo, o

85

de confirmazión, con a gorra de periquillo, y o saigüelo coloráu. Y parixe qu'Ansó s'ha trasladáu 6 u 7 siglos ta zaga, ta Edá Meya, ta o siglo XIII, cuando se sabe que ya esistiban ixos trajes.

As carreras están muito animadas. Bi'stá muita alegría. Más tardi os trajes serán amostráus en un eszenario improbisáu y serán almiráus por todas as chens. Después d'a misa, presidida por todas as personas que leban o traje, biene a jota, que ye bailada por todos os que i son con o mayó entusiasmo, a tamás de qu'a cansera aparixe ya n'os rostros porque s'ha teniu que soportá todo o peso d'a basquiña, que, aunque baría d'unos trajes ta otros, no ye menó de 15 kg, y o traje más pesáu ye o de saya, que pesa 35 kg.

Después d'a jota ha plegáu o inte de tirá-se o traje y se siente un alibio muito grande cuando a basquiña se queda plegada en una silla y ya no se nota o peso en os güembros. Y en ixos intes todos os que nos hemos metiu o traje en ixe día pensamos una miqueta en os antepasáus nuestros, en aquellos ombres y mullés que durante siglos lleboron as ropas que nos plegamos de tirá. Y se siente muita emozión al pensá que aún queda chen que lo lleva y lo llevará hasta a suya muerte, igual que lo lleboron os agüelos nuestros, y que son una chicotona muestra d'o pasáu qu'ha permanexiu hast'agora. Ye asina como pasa un Día d'o Traje en Ansó todos os años.

En 1989, y en la misma revista *Orache*, la autora publicó un nuevo artículo en el que usaba el ansotano para hablar de un tema de actualidad en aquel momento, a saber, «Os problemas d'o gasoducto Lacq-Sarrablo». Se copia a continuación la colaboración (Pérez Mendiara, 1989).

Os problemas d'o gasoducto Lacq-Sarrablo

En os meses zagueros s'ha charráu muito en a región nuestra d'un problema muito importán pa nusotros y polémico: a costruzión d'un gasoduzto que chuntaría a ziudá franzesa de Lacq con o Sarrablo pasando por o nuestro Pirineo. Enagás, que ye a empresa que ba a fer-lo, contaba con barias posibilidaz de trazáu d'o gasoduzto. Una d'ellas yera a que pasaba por as bals d'Ansó y Echo.

Dende que as chens d'ixas bals sabioron o que podeba pasar, empezoron a interesar-se por iste problema. Querébamos conoxer as carauterísticas d'o gasoduzto y o que pasaría con os mons nuestros. Pero resultó que con o proyeuto de paso por Ansó y Echo no conseguíbamos cosa buena. De primeras, paremos cuenta que as bals nuestras eban siu asta agora uno d'os lugars millor conserbáus d'o Pirineo, lugars plenos de tradizions y con una riqueza natural muito impórtan, que yera tamién o meyo de bida nuestro. Pero os bosques, a ganadería y os mons podeban desaparixer si o gasoduzto pasaba por astí.

Os perjudicáus no yéramos solo nusotros, sino tamién as chens que aman a naturaleza y que se sirben d'ella como lugar d'esparzimiento, y tamién bellas espezies animals desaparexidas en otras regions (o quebrantagüesos, l'onso, a perdiz nibal, l'urogallo...) y que nusotros emos de conserbar.

Todo isto teneba consecuenzias desastrosas pa o meyo natural, por ejemplo:

— Os bosques y os pastos desaparixen porque as máquinas esfán o paisaje.

— O suelo s'erosiona, no puede retener l'agua ni a nieu y se forman barranqueras.

— A soberanía de muitos quilómetros se pierde.

— S'obren pistas que dejan que os autos todoterreno puyen asta os picos, con o deterioro que ixo supone.

Antiparti, si o gasoducto pasaba por Ansó-Echo, en quis d'alcorzar, daban una güelta muito grande y teneban que puyar y tornar a baxar tres puertos de más de dos mil metros (l'Acherito, Petraficha y Alano). Deziban que feban asinas porque yera más barato, pero ¿cómo iba a ser más barato un trazáu que teneba 26 quilómetros de güelta y que pasaba por sitios tan altos?

Por ixo as chens d'a bal d'Ansó y d'Echo se metioron a treballar contra l'anteproyeuto. En Ansó fizioron una asoziazión, que clamoron Comisión de Defensa del Valle de Ansó, en a que os chobens enseguida empezoron a mover-se, y en Echo a Chunta de Bezinos tamién se metió de pleno en o problema. T'a Comisión plegoron muitas cartas y comunicáus d'apoyo de muitas asoziazions culturals, zibils, españolas y franzesas, como as Cortes d'Aragón, o Istituto Pirinenco d'Ecoloxía, Icona, Adena, Fonds Mondial pour la Nature, diputáus de o Parlamento Europeo, O Chustizia d'Aragón... En a Casa d'o Lugar tamién se preocuporon dende o prinzipio, s'informoron y aduyoron en todas as iniziatibas contra l'anteproyeuto. Se fizieron grupos que s'encargaban de fer propaganda, de charrar con a prensa. Se fizió propaganda en as carreras, con mesas d'informazión y de replega de firmas. No bi'stió un turista que no salise d'Ansó sin saber o que pasaba con o gasoducto. A o final, repleguemos más de 10 000 firmas en contra.

A primeros d'agosto representantes d'Ansó y Echo marchoron ta Franzia pa meter-se d'alcuerdo con as chens d'os lugars franzeses por do también podeba pasar o gasoducto. Se fizió una reunión en a bal d'Aspe y se formó l'Asoziazión Internazional para la Defensa de los Pirineos con a intenzión de poder luchar chuntos contra a destruzión d'os mons nuestros. Se metioron d'alcuerdo pa organizar manifestazions en Echo, Ansó y Franzia. A primera bi'stió en Ansó o día 21 d'agosto (o Día d'o Traje Típico). Bi'stió otra en a Bal d'Aspe, cuasi en a buga de Somport, y otra más en Echo, en setiembre. Muita chen se chuntó a nusotros en a protesta y esta sirbió p'amostrar que todos estábamos más chuntos que nunca frente a un proyeuto de destruzión d'a riqueza nuestra.

Mientras, seguíbamos aguaitando una contestazión d'os responsables d'Enagás, que aún no nos eban dito pon. Querébamos que bieran ellos mesmos o que quereban fer en os mons, que benisen a bier o trazáu qu'eban feito en o plano. A Diputazión General tampoco deziba pon. Solamente o diputáu d'a zona, José Lalana, intentaba presentar una mozión, pero sin muito éxito. Al final, l'Ayuntamiento d'Ansó fue ta Madrid pa charrar con os responsables. Parixe que salioron contentos d'a reunión, que en Madrid dizioron que bi'staba otros proyeutos millors, pero asta agora no han dezidiu pon.

Y asinas estamos agora, sin saber que ban a fer. En os días zagueros, en a prensa dizioron que parixe que o trazáu por l'Acherito ye o primero d'a lista, aunque tienga más quilómetros y más dificultá de paso, y a pesar, tamién, d'as manifiestazions de muita chen en contra y d'as firmas replegadas. Parixe que no nos han escuitáu y que no paran cuenta en o mal que pueden fer con o gaseoduzto en unos mons que aún se conserban bien, pero d'os que quedan ya pocos. Agora, que en todas partis se treballa pa conserbar a naturaleza, parixe un contrasentiu que astí tengamos que luchar pa que no destrozen con gaseoduztos y máquinas a miqueta de tasca que nos queda.

Ana Cristina Vicén Pérez (1985 y 1990)

Otra de las mujeres que se incorporaron a la escritura en ansotano en los años ochenta del siglo pasado fue Ana Cristina Vicén Pérez. Maestra y autora, junto con Santiago Moncayola Suelves, de trabajos sobre el vocabulario y la toponimia de Ansó (Vicén y Moncayola, 1990a y 1990b) y de cuentos infantiles y juveniles en aragonés (Vicén y Moncayola, 1993 y 2000), escribió en 1985 un texto en ansotano en la obra colectiva *A l'aire (garbas)*, coordinada por Eduardo Vicente de

Vera. Como los escritos de este libro giraban en torno al tema genérico «Mi pueblo», ella dedicó el suyo, que se reproduce seguidamente, a «Ansó» (Vicén, 1985).

Ansó

Entre a Bal d'Echo y Roncal, puyando por a Canal de Berdún y a Foz de Biniés, trobamos un lugá que da nombre a una bal, a más ozidental de o Pirineo: Ansó.

Ansó chunto con Fago forman una mancomunidá de beintiunmil cuatrozientas tres eztáreas de superfizie. Ye uno de os términos munizipals más grandes de a probinzia de Uesca, con zincuenta y dos kilómetros de búa con Franzia.

Ansó ye un lugá muito bien consideráu turisticamén. A chen treballa por conserbá ixa arquitectura, ixos trajes, ixas costumbres tan típicas y tan particulás, que fan que os turistas bisiten a billa cuando o tiempo permite y se'n bayan con un güen recuerdo. Con iste fin, o Ayuntamiento dedica dende fa ya años un día espezial pa ixas chens que puyan t'Ansó. Un día de fiesta grande en o que se sacan os trajes de os biellos baúls y os chobens y menos chobens salen ent'a carrera bestius con as mejós galas, que dende fa muitos años se guardan en as casas con tiento pa que o paso de o tiempo no faya que se malmeten.

Sí, os ansotanos son treballadós con ixas chiquetas cosas de a cultura. Fan todo o que pueden pa que a zibilizazión no plegue a desfé tantos años de istoria. Pero o que por un lau se gana por l'otro se pierde. No se puede dezí o mesmo de o tiempo y treballo que dedican pa la conserbazión de a fabla que charran, que se charró antis más y que agora solo charran os biellos. A chen choben conoxe ixa particulá traza d'espresá-se, pero no charra. O tiempo, os forastés, bellos libros se han encargáu de fé de una fabla una bergüenza pa os que la charran. Ellos, os chobens, son os responsables agora de torná o prozeso.

Pero charremos de os ansotanos, de cómo biben, de os treballos que bi'stá pa la chen.

Ansó siempre ha siu un lugá ganadé. Bi'staba muitas obellas, crabas, abríos y yeguas. As cabezas de laná plegoron ta zincuentamil fa unos 15 años. Agora iste número ha baxáu. O ganáu da muito treballo. Antis más os pastós pasaban muita parte de l'año entre a Ribera y puerto, y en istos tiempos a chen quiere bibí comodamén, por ixo agora se fan parideras por os mons de o lugá. Ye una traza de que os chobens no se'n bayan pa treballá en as ziudás y se queden en o lugá.

Tamién ye impórtán o número de chen que treballa en a madera. No olbidemos que pa la mancomunidá representa a mayó de as riquezas.

Bi'stá una fábrica que da treballo a unas trenta personas fijas, más os ombres que puyan ta o mismo mon pa fé os treballos de tala. De otro lau, Icona tiene bellos guardas fijos pa todo l'año. En berano ye menisté que puyen más personas porque bi'stá más treballo tanto en a fábrica como en o mon.

As espezies que se tratan en a serrería, as que se comercializan, son pino, fayo y abete. A madera de chaparro, carrasca, buxaco, ezt., ye pa leña p'as chens.

A zaguera de as ocupazions de os ansotanos ye a esplotazión de negozios familiás, como tiendas de todo tipo, bares…, que lis permiten bibí comodamén y sin que a emigrazión lis faya dexá o lugá.

A emigrazión, como en otros muitos lugás de Aragón, ha siu importán en os zagueros años. Dende os años sesenta a poblazión ha baxáu a la mitá de os que bi'staba. Pueden contá-se por zientos os ombres y mullés emigráus no solo ta Zaragoza u Uesca, sino tamién ta Franzia y América (USA sobre todo). Agora parixe que s'estabiliza debiu sobre todo a que pa os chobens ya ye más difízil trobá un treballo en as ziudás.

En pocas palabras, iste ye un retrato de o lugá de Ansó, pero tenez que conoxé-lo, bié-lo de zerca. Puyaz y opinaz busotros.

Ana Cristina Vicén, además, fomentó a principios de los noventa del siglo pasado el uso escrito del dialecto a través de las clases con adultos. En concreto, impartió un curso para ellos en Ansó, y fruto de él son dos textos escritos en dicha variedad lingüística, «Una istoria de carnabal» y «Una istoria de contrabandistas», publicados en la revista *Fuellas*. Ambos aparecen firmados por «Os alumnos d'aragonés d'Ansó», si bien la redacción final fue hecha por la profesora, como ella misma ha confirmado, a partir de las colaboraciones realizadas por el alumnado. Se transcriben ambos escritos, que, además de abordar los temas del carnaval y del contrabando en Ansó, narran una historia sucedida en la población en cada uno de esos contextos (Vicén, 1990a y 1990b).

Una istoria de carnabal

Todos sabemos que os carnabals se zelebran en todos os lugás d'Aragón de una u de otra manera, seguntes a tradizión. Os carnabals en Ansó son espezialmente conoxius, y por ixo esta istoria que nos han contáu d'ixos días antis d'a Cuaresma tiene que pasá por una chiqueta introduzión d'o que yeran os carnabals en Ansó antis más.

Una d'as cosas más tradizionals yeran os disfrazes. Todo o mundo se bestiba de algo. Unos días antes de carnabal saliban as *mortallas*, que yeran personas que se meteban un linzuelo por enzima y con una esquila se'n iban por as carreras fendo miedo y trucando en as casas. Yeran como os espíritus d'os muertos que clamaban a os bibos pa que lis fesen causo.

O Miércoles de Zenisa, como día zaguero de carnabal, saliba en prozesión o *toledo*, que yera un estandarte que levaba unos cuernos de buco por debán y un truco u cañón de zaga. O cuerpo lo formaban dos tochos tapáus con un linzuelo en do se meteba un ombre. A misión d'este yera encorré a todos, en particulá a las mesachas.

Chunto con o toledo saliba o *sembradó*. En un chubo se meteban dos ombres. De zaga marchaba encháu otro en un apero y dispués otro sembraba. Y ¿qué sembraba? Pos zenisa por enzima de todos.

Estos yeran más o menos os disfrazes comunes de carnabal. Aparte, todas as personas en o lugá se disfrazaban como quereban. Podemos dezí que yera muita a partizipazión d'as chens. Unos se disfrazaban con perellos d'animals, y otros (os más), con os disfrazes que se clamaban *maricas*, que, como a misma palabra dize, consistiban en que os ombres se bestiban de mullés y as mullés de ombres. As caras siempre se lebaban tapadas u mascaradas pa que no se reconoxeran. Por costumbre, os ombres y as mullés formaban grupos separáus a la ora de disfrazá-sen. Bi'staba muitos que solo se meteban que as máscaras, y por debaxo d'a ropa, todo pleno d'allagas pa punchá a qui s'azercaba muito.

A istoria que imos a contar ye real, pero ye como muitas otras que se daban en ixos días en que todo u cuasi todo se permitiba. Trata de cuatro mullés, amigas, que s'achuntoron un día de carnabal y dezidioron que se teneban que fé notá en o baile sin que ninguno las conoxera. D'as cuatro, dos yeran casadas, pero una d'ellas feba pocos días qu'eba pariu. Esta, un poco más beroya que as otras, por o que se bei, teneba miedo de que la conoxeran porque teneba o culo muito gordo. Asina que entre todas se metioron a disimulá-le a parte zaguera d'o cuerpo pa que por o menos a chen, y sobre todo o mariu suyo, no sabiera quí yera. Como ye regla, se metioron as ropas de maricas. A esta mullé li metioron un capazo como culo y por enzima todo o que troboron: sayas, balons, un cullá pa gorro... As demás no fuoron menos. Solo una levaba una cosa más: en a liga, una esquila, muito importante pa cuando as cosas se metieran mal. En a cara lebaban un trapo con tres foráus: dos pa os güellos y uno p'a boca.

Y asina, d'estas trazas, se'n fuoron camino d'o baile, u, mejó dito, d'os bailes, qu'en i'staba tres d'ellos en os mejós tiempos de carnabal. Primero, ent'a casa Esquilero, en a plaza. Astí as cuatro buscoron una parella. A d'o capazo en o culo, a propia, o mariu suyo. Y baila que te baila t'aquí, t'astí, t'allá, y o pobrón que ya farto li deziba:

—Pero, tú, ¿quí yes? Pos ¡qué batán m'estás dando! ¿Quí yes, mesacha? Tira-te ixo d'a cara, que te bea. ¿Quí yes, mala mullé? Pero l'otra, pon, que no en tartiba. Y chapada por aquí y patada en o chenullo por astí. Y asina asta que as cosas se metioron difizils. Con ixe meneo, no yera raro. Porque, claro, no yera solo o mariu d'esta mullé qui ya estaba farto d'as palizas, sino todos os demás qu'eban pilláu as otras. Y ya, pa que as cosas no pasaran a mayós..., toque d'esquila, tornoron a achuntá-sen y, ¡ala!, ta otro baile, a bié a quí pillaban esta bez.

Cuando ya, cansas de raso, eban recorriu todos, y como qui no ha crebáu un plato nunca, se'n fuoron t'a casa, se metioron bien polidas y apañadas, de pontifical, que se dize, y ent'o baile otra bez, pero formals, ixo sí. Güeno, todas no tornoron porque bi'staba una que teneba una obligazión que cumplí: primero, dá-li a teta a o nino, que ya le'n tocaba, y después, itá-se a dormí como una bendita a esperá a o mariu suyo que tornáse d'o baile de carnabal, que seguro teneba algo que contá. U ¿a lo mejó eba siu un baile de carnabal como otro cualquiera?... ¡Quí sabe! A berdá ye que ella eba pasáu una noche güena güena. A mejó noche de carnabal de toda a bida suya.

Recordando estas cosas, uno piensa por qué un mal día se tenioron que rematá y por qué, como en otros lugás, no han tornáu a fé-se, pero nadie sabe. O más seguro ye que o carnabal d'Ansó no torne a renaxé nunca más, pero por o menos estas istorias quedarán escritas pa siempre.

Una istoria de contrabandistas

¡Cuántos años feba que no pasabai a bié a tío Chenaro! Parixe raro, pero ixe día que paséi por debán d'a puerta suya me parixó que yera ayé cuando, de nina, me metebai muitas tardes a que contara istorias d'antis más y que a yo me feban tanto goyo.

—Ye tarde —me deziba—. Seguro que a mai tuya t'aguarda pa brendá. ¡Bienga, que fas tarde! ¡Oxa, oxa d'astí! Pero yo, que si quies. Me se cayebai a baba d'escuitar-li.

Tío Chenaro no yera un parién, pero ya se sabe que en os lugás todos son tíos. Por otra parte, pa yo casi yera más que un parién, dispués d'as oras que m'eba pegáu chunto a o fogaril d'a cozina suya.

No teneba a nadie desde feba muitos años y os ninos yeran a compañía que él menestaba pa bibí goyoso. Y bien que lo agradexeba.

Pos güeno, que entréi y lo claméi. Yo creyebai que después de tantos años no me conoxería. Pero sí, ixo creyebai. ¡Como si anitarde ese siu a zaguera bez que pisara a casa suya!

—Mesacha, ¡qué goyo! Pasa, posa-te en a cadiera; astí, fren a xera. Seguro que bienes a que te cuente algo.

O corazón me dio un brinco. ¡Como siempre! Tío Chenaro teneba as mismas ganas de charrá que siempre. No eba pasáu o tiempo pa él. A misma cara, os mismos güellos…

—T'has feito gran, ¿eh? Gasiosa de pito ya no'n tomarás… Mira, tiengo este bino…, güeno de berdá. No ye pitarra, no. Posa-te, mesacha, posa-te. Onra me farás. Di-me-ne, ¿qué te traye por aquí?

—Bos, tío Chenaro, bos. Feba muito tiempo y no sabe qué ganas de fablá con bos tenebai.

¡La de oras que estiemos chuntos! Yera como si no ese pasáu o tiempo. Me parixó dá un brinco ta zaga y otra bez está en ixa cadiera de tantos d'años posada y escuitando meyo boba as miles d'istorias que tío Chenaro sabeba. ¡Como si no las ese escuitáu!

Ixa tarde fablamos de muitas cosas, pero sobre todo d'o que más me gustaba: d'os contrabandistas y d'a bida suya. ¡Y qué bien lo contaba todo! Siempre empezaba igual, deziba as mismas palabras, en o mismo orden… Siempre igual. De carretón me las sabebai, pero siempre trobabai emozión.

—Pos escutia, nina. Fa muitos, muitos d'años, ya en o siglo pasáu, que bi'staba un ombre clamáu José de Chanca. Ixe con muitos más se dedicaban a o contrabando y bibiban d'él, porque sabrás que, antis más, en este lugá muita chen teneba en esta práctica un negozio. Chens de casas ricas, de cauquerré, contrataban a cuadrillas de ombres que biajaban ta Franzia pa comprá as mercanzías más bariadas, desde abríos asta a curiosidá más chicorrona, pa fé que a casa estiera polida. Estos ricos d'o lugá después bendeban toda esta mercanzía en otros lugars u en as ziudaz. A cambio, os clamáus contrabandistas ganaban una miseria y, por cambio, pasaban as de San Quintín. Por un lau, tené que pasá a búa fiziera o tiempo que fiziera; por otro, y casi o peó, os gendarmes y a Guardia Zibil. Pero güeno, ¿en dó estabai agora, que ya no m'acuerdo?

—Sí, tío Cheraro, con ixe que clama José de Chanca.

—¡A, sí, sí! Este José, por cierto, abandonó o suyo quefé de pastó creyendo que a bida que agora elegiba sería mejó. Yera un ombre alto, gran, de manos fuertes y garras largas. Zerrudo él como no bi'staba ninguno. As zellas chuntas y unos güellos azuls azuls que cuando te miraba parixeba que se clavaban como noballas…

»Pero toma, mesacha, ita-te más bino. En tiengo muito más. ¿Por dó me trobabai?… A, pos bi'stió una bez que con otros ombres, una cuadrilla gran, pasoron ta Franzia, como siempre, por encargo de algún bezino d'Ansó a comprá unos abríos, y en que iban a plegá ta la muga lis sorprendioron os gendarmes. Os contrabandistas, que iban armáus, empezoron a disipará con tan mala suerte que matoron a uno d'ellos. Este, por o que se bei, yera fillo d'un conde franzés, que, por más señas, se trobaba astí por librá-se d'o serbizio en África. O que astí se armó yo creigo que no lo sabe nadie ni alora ni agora ni nunca. Chanca cayó feriu en una garra. Lo pilloron, le ligoron bien as manos y lo metioron en a cárzel. Muitos d'a cuadrilla que podioron escapá corrioron a boz por todo o lugá y muitos más se'n fuoron a bié si podeban rescatá-lo d'a prisión gabacha. Mal fizioron, mesacha, mal, porque a mayó parte terminoron en o mismo sitio que José de Chanca. Y aún peó. Los desterroron ta Nueba Caledonia. ¿Sabés dó está ixo? Pos dizen que por Australia. Güen sitio debeba sé. Cuenten que tardoron en torná por o menos 24 años. Sin embargo, a Chanca lo metioron en o penal de Mahón y podió torná a los 14 años. Y cuenten que en o viaje, en a diligenzia que beniba, conoxió a D. Santiago Ramón y Cajal. Sabrás quí yera, ¿berdá?

—Ombre, tío Chenaro, ixo lo saben todos.

—Ixo pensabai yo. A todo esto, Chanca plegó t'Ansó dispués de tantos años y aún trobó a la nobia que teneba y se casó con ella. No tenioron fillos, por ixo no quedan deszendientes d'este ombre que puedan contános as istorias y abenturas que bibió. Porque en bi'stá más. No bayas a creyé que escarmentó. Tampoco sabeba fé otra cosa l'ombre. Asina que s'achuntó con otra cuadrilla de contrabandistas y otra bez a caminá por ixos mons de noches, con osín, cantalaziando, con una caló de desfé-se. Y, total, por cuatro pezetons.

»En uno d'os viajes que feban pa comprá todos os encargos que lis eban feito, y ya cuando pasaban a muga, lis aguardaban os carabinés. Esta bez, como no atacoron, solo lis confiscoron o que trayeban y lis dejoron torná t'o lugá. Pero, claro, o treballo que cuesta no puede perdé-se. Y estos contrabandistas sabeban o camino que lebaban as mercanzías confiscadas.

»Esta bez fuoron ellos os que aguardoron a os carabinés de camino ta Uesca en un sitio que claman os Rayos de Murillo. Tornoron a recuperá o que yera suyo y astí lis dejoron, y, además, sin abríos. Ese siu de fatuos, ¿no? D'esta manera ya no lis pillarían otra bez. Por o que se bei, siguioron ta Uesca y astí bendioron o contrabando, y con as pochas bien plenas tornoron t'o lugá. Pero aún lis dio tiempo pa pará en Ayerbe y dejá chunto a una casa y bien atáus os abríos qu'eban requisáu ellos a os carabinés. Como deziban aquí, ya que los eban ampráu, o debé suyo yera torná-los. Compromutius ya estaban, pero no yera cosa de, enzima, lis acusaran de chenebrizés.

»Estas son as abenturas que más se cuenten d'este José de Chanca. Bi'stá muitas más, no prezisamente sobre este ombre, porque aquí a chen se dedicaba muito a esto. Si quieres, te puedo contá más.

—No, tío Chenaro. Agora ya no tiengo más tiempo. Se han feito as tantas y no m'eba dau cuenta. Ya tornaré otro día, si no li parixe mal, y charramos más de todo esto. Si tendríamos pa escribí un libro.

—¡Ui, un libro! Yo no sé tanto como pa ixo.

Que no sabeba; pa trenta libros en teneba. Me'n fuei d'a casa suya, como siempre, goyosa d'abé aprendiu una cosa más. En o solero mos diziemos adiós, esta bez por poco tiempo. Tío Chenaro me dizió adiós con a mano y zarró a puerta de dos fuellas con o zerrollo de fierro. Asta pronto, tío Chenaro, hasta pronto.

Miguel Ánchel Barcos Calvo (1986 y 1993)

Miguel Ánchel Barcos Calvo, que en la actualidad desarrolla su labor profesional en el Ayuntamiento de Zaragoza y es autor de una monografía sobre el aragonés ansotano (Barcos Calvo, 2007a), fue otro joven que en aquella década de los ochenta escribió con rasgos ansotanos. En concreto, en la citada publicación periódica *Orache* y en 1986 redactó el texto «Fago» sobre la localidad en la que tiene sus raíces familiares (Barcos Calvo, 1986), y en la revista *A Gorgocha*, y en 1993, el artículo de actualidad «Yugoslabia: un Estáu, muitas nazions» (Barcos Calvo, 1993). En el siglo XXI ha continuado practicando esta escritura en aragonés con dialectalismos ansotanos en los relatos «Un inte ye un zarpáu de bidas» y «Falca de chinebro» (Barcos Calvo, 2007b y 2007c).

Se transcriben bajo estas líneas los citados textos «Fago» y «Yugoslabia: un Estáu, muitas nazions» (Barcos Calvo, 1986 y 1993).

Fago

Fago ye un lugar d'o Pirineo aragonés que está n'una bal paralela, ent'a zurda, d'a bal d'Ansó.

Fago y Ansó forman una mancomunidá forestal dende fa bellas añadas; así os dos lugars fan o término forestal más gran d'o Pirineo aragonés. De buga con Franzia n'i'stá 52 km.

A bal de Fago ye a más ozidental d'Aragón. Por o fundo d'a bal camina, china chana, o barranco de Fago, que cruza o lugar; d'agua no'n tiene muita, pero ya baxan güenas barrancadas de primabera. Fa poquetas añadas bi'stió una riada que nos afogó más de a metá d'o lugar.

O nombre de Fago biene d'o latín FAGUS, que ye fayo en aragonés (o cualo contrimuestra ixa gran biella cultura aragonesa). Fago ye uno d'os zagueros lugars do quedan as estruturas típicas d'a casa pirenaica ozidental, os telláus de tella roya, as paretes de güena peña, pero uno d'os elementos tradizionals, como son as chamineras, as emos bisto cayer china chana. Agora solo en tenemos tres totalmén tradizionals. Fago tiene una biella iglesia prou gran adedicada a S. Andrés y una ermita en onor a S. Cristóbal, o nuestro patrón, además d'a ermita d'a Virgen de Puyeta; astí puyamos o 23 d'abril.

En a nuesa toponimia quedan muitas trazas aragonesas: partidas de mons como as Escaleretas de Buyero, a Punta l'Ascuitatero, o Foráu d'os Gabachos y muitos otros.

Otra cosa que ye interesán d'o nueso lugar ye a fabla. A fabla de Fago ye un poquet diferén de l'ansotano. A diferencia ye que en Fago se pronunzia a rzaguera y no n'Ansó. L'aragonés en Fago agún se conserba prou bien. Toda a chen lo conoxe y muitos lo charran.

Pa puyar a conoxer Fago, bi'stá dos trazas de i plegar: una, por a carretera que puya dende Puente la Reina por Ansó hasta a Cruz de Piedra, do bi'stá dos esbarres, uno ta Nabarra y un otro ta Fago; otra traza de plegar ta o lugar ye por una carretera que naxe n'un esbarre d'a cheneral a Pamplona, dispués de pasar Berdún, puyando por Majones ta o cobajo d'o lugar.

Yugoslabia: un Estáu, muitas nazions

A situazión actual en a ex-Yugoslabia no ye algo nuebo, sino a rematadura d'un prozeso unificador que no yera o que os pueblos d'ixas tierras querebán. En ixe país trobamos un mosaico de razas, culturas y relixions que son difizils d'achuntar. Mientras a Segunda Guerra Mundial, as diferens repúblicas s'achuntaron según os suyos intereses. Asina, Eslobaquia, Croazia y Bosnia estioron aliáus d'os alemans (bellas escuadras de as SS, famosas por o suyo desprezio de a bida umana, estaban feitas por croatas y por bosnios). Sin dembargo, os serbios fazioron a resistenzia a o nazismo, os nombráus partisanos.

En a cabeza d'os partisanos bi'staba un serbio de radizes croatas, Tito. En rematar a guerra, Tito, que ye nombráu presidén de a República yugoslaba, se troba con un Estáu nuebo, con odios anzestrales entre os abitadors d'ixas tierras y con o treballo de normalizar ixe país. D'un costáu, Serbia ye un país con muitos pocos recursos y con una gran presión demográfica, mientras Bosnia y, sobre todo, Croazia son tierras prósperas, asina que se promuebe una emigrazión masiba de serbios ent'as tierras más ricas de o norte.

Con esto se consigue bellas cosas: una, se recompensa a os serbios por a postura suya en a guerra fendo-sen colonos en otra tierra; dos, se creyan lagunas de poblazión distinta en as repúblicas sezenionistas. Antimás, o exérzito federal yugoslabo se fa dende a estructura militar de os partisanos, fendo, asinas mesmo, a os serbios os guardians de a unión yugoslaba.

Tamién en o sur de Yugoslabia a situazión no ye estable. Por una parti, a redolada serbia de Kosobo se bei imbadida por emigrantes albaneses, tanto que agora o porzentache albanés en Kosobo ye de 98 % de a poblazión. Por l'otro costáu, en fer a unión, s'incorpora una gran parti de Mazedonia, d'orixen griego.

Asinas as cosas, en cayer os reximens socialistas, y más que más dimpués de a muerte de Tito, o país remata crebando-se por as mugas de os pueblos, ya seigan culturals o relixiosas.

L'autual Bosnia-Erzegobina, que nunca ha estáu una nación, nomás que una tierra de nadie do s'acomodoron os deszendiens de o Imperio turco —por ixo muita población ye de creyenzia musulmana—, se troba repartida por colonos croatas y serbios —que han feito berdaderas repúblicas diferens en chicot— y por os abitadors más antiguos, os musulmanes. En esta tierra de febles mugas ye do en berdá se zentra a guerra, en conseguir, d'un costáu, Serbia y, d'otro, Croazia as más y millors tierras seguntes os intereses de cada república, mientras os bosnios son os que llevan a peor parte y luchan por que les dixen bella tierra en do bibir.

Juan Francisco Aznárez López (*ca.* 1987)

Entre las personas con las que hablé en diciembre de 1987 para obtener datos sobre el habla del valle de Ansó en relación con mi tesis doctoral, se halla Juan Francisco Aznárez López, estudiado en contribuciones anteriores (Latas, 2004-2005; Benítez y Latas, 2008). Como se indica en ellas, fue canónigo archivero de la catedral de Jaca y autor de numerosos trabajos sobre la historia y el patrimonio cultural de Jaca. Asimismo, escribió un ensayo sobre el topónimo *Ansó* (Aznárez, 1996) y, a través de la correspondencia que mantuvo con Resurrección María de Azkue Aberasturi, envió al estudioso vasco un léxico aragonés de variación dialectal y un vocabulario ansotano de los que solo se ha conservado parcialmente este último.

Juan Francisco Aznárez escribió, asismismo, varios textos en ansotano que editamos con Óscar Latas en un anexo en el artículo citado (Benítez y Latas, 2008): por un lado, «Fé versos en ansotano», una exposición en la que realiza interesantes observaciones sociolingüísticas sobre el dialecto ansotano; por otro, «Yera pa meyos de enero», una narración de contenido costumbrista; además, «Jotas ansotanas», que incluye las coplas [*Si a peña de Zelún*] y [*Adiós, paco Espelá*], otra versión de [*Adiós, paco d'Ezpelá*]; por último, «Dice un mosen», poema en el que, siguiendo la estructura métrica de la cuarteta asonantada o copla, que él denominó *cuarteta jotera* (Aznárez, 1979), combinada con la cuarteta y la redondilla, no exentas de irregularidades, el autor, tras varias estrofas de creación personal, introduce una canción de corro que contiene a su vez las coplas [*Paco de Ezpelat ta riba*] y [*Adiós, paco de Espelá*], variantes de otras ya citadas.[22]

Recientemente, la familia de Juan Francisco Aznárez me ha facilitado una *Recopilación de textos publicados e inéditos del canónigo archivero don Juan Francisco Aznárez López*, que preparó en su día junto con Hilario Casanova Martínez y que, por el momento, no se ha editado.[23] En ella se hallan nuevos textos en ansotano inéditos de este autor, en concreto los siguientes: *Escribir en ansotano* (Aznárez, *ca.* 1987b) y [*Por o que veigo*] (Aznárez, *ca.* 1987c), en los que el escritor reflexiona sobre el uso del ansotano y amplía algunas consideraciones sociolingüísticas expuestas en «Fé versos en ansotano»; *Fer una xerata* (Aznárez, *ca.* 1987d), una narración costumbrista que contiene la misma canción de corro incluida en «Dice un mosén», y [*¿De dó sales?*] (Aznárez, *ca.* 1987e), una breve pieza teatral también de carácter costumbrista.

Se reproducen a continuación todos los escritos de Juan Francisco Aznárez señalados, tanto los ya publicados (Aznárez, *ca.* 1987a: 156-157) como los inéditos (Aznárez, *ca.* 1987b, *ca.* 1987c, *ca.* 1987d y *ca.* 1987e).

Fé versos en ansotano

Fé versos en ansotano ye más rápedo que o que parixe. Pa ixo fa falta charrá-lo bien, como os de antis. Pocas personas vi'stá en Ansó, de 50 años enta bajo, que lo fablen bien. De ixos años enta alto sí que lo saben charrar porque lo aprendioron de críos de teta cuando todos fablaban así en casa, en a carrera y en os chuegos. Alora yera corriente escuitar ansotano; agora ye más raro. Entonces os mocés de entonces solo oíbamos fablar en señorito a os curas en a trona y a os maestros en a escuela.

Pero, en cuanto salíbamos de a escuela o de a dotrina que explicaba señó retor, tornábamos a fablar en ansotano. Y esto lo fébamos tanto os fillos de o lugar, os naxius en o lugar, como os de fuera, v. gr., os fillos de carabinés que aquí naxeban, u, si naxeban en otro lugá, en que veniban de chiquez y teneban que ajuntá-se y chugar con os de Ansó, que siempre yeran más.

Si algunos chovens que lo saben y casi todos os viejos querrieran seguir fablando ansotano, farían muyto bien y no se olvidaría. Pero a muytos no lis cabe en o tozuelo que ixo sea fablar bien, sino mal. Nos quedamos como entrecullius debán de os forastés que escuitan y, alguna vez, se arriguen. No ébamos de fer así, sino seguir fablando como os naturals de antis. Ye un fablar antiguo, tanto como os vestius y o lugar. Y tiene muytas raíces y formas que vienen de griego y latín. Por ixo os chovens cultos que agora vienen y que estudian ixas lenguas rápedas querrieran escuitar ansotano pa aprender sus palabras y a son que tienen. Ye chen de muyta fren, mesaches y mesachas amantes de as letras. Por ixo les faría muyto goyo saber charradas y romances ansotanos. Fablar de ixa traza no ye bajeza; antis más, se fa cultura.

Querrieray escribir un libro en ansotano, en do se replegara.

Puyando enta puerto se veyen muytas cosas: foces y achars, alanos y ezcaurras, peñas altas.

Yera pa meyos de enero

Yera pa meyos de enero, pa S. Antón. Vi'staba muyta ñeu osinada y chelo por as carreras. Feba un rigó grande y en os rafes de os telláus se heban feito unos candelons que parixeban chupons. Feba muyta guza, pero os hombres teneban que partir enta o paco a mirar unas ovellas que se les eban perdiu anitarde. Golvioron anitarde sin trovar-las, cansos de foniar por a ñeu. Os críos de casa quereban fer sanantón por as carreras tocando esquilas y cañons que guardaban en a glera de a sabaya. Pronto golverían cheláus y tartaritiando. Se metioron en o fogaril, en do pasarían toda tarde, metius en o mismo cabanar de o fuego. Unos se agarraban.

Jotas ansotanas
[*Si a peña de Zelún*]

Si a peña de Zelún
fuera de tocino magro,
ya se la hubrían comiu
os zaburranos de Fago.

Jotas ansotanas
[*Adiós, paco Espelá*]

Adiós, paco Espelá,
magetas eslenaderas;
adiós, mocetas de Ansó,
que me en voy ent'a Ribera.

Dice un mosen

Dice un mosen que ixos ditos yeran
restos de palabras griegas
fabladas en estos valles
dende viellos tiempos y eras.

A os montañeses cuaca
despistá-sen de o treballar,
jorobar cazuelos plenos
con sopas y alberitaca.

Chentan en o fogaril,
chunto de os caminals,
bullendo en o canaril
a carne de os añals.

Comen carne bien rustida,
clamada chicha-purna
porque la asan en as purnas,
que antaño deciban pyrnas.

Con ixos y otros recáus
que cullen en o lugá,
quedan refociláus
y sin ganas de chugar.

Por ixo se van t'a cama
cuando vienen d'os ganáus
os amos y os pastós.
Situando-se en a cama,
duermen como lirons

sin pensar en o suelo duro
y sin tirar-se os balons.

As mullés en o lugar
encendeban o fuego
por refocilar os hombres
que plegarían luego.

Y alora ye que no vi estaba
pa o fuego que se feba
otra leña que os tizons
traius de Peñamelera.

Yeran quemáus bagueras
de pino y de caxico,
de abetes y buxacos,
que encendeban güenas cheras.

Con a flama de ixas leñas
y de otras maderas y leñas,
os chovens feban cheratas
en as plazas y en as eras.

Y as mozas diz cantaban
en corro de ixas fogueras
unos ditos que deciban:

Xera, panchera,
cocón y cocera.

Paco de Ezpelat ta'riba,
paco de Ezpelat ta baxo,
o primero que se troba
ye un tarranco de buxaco.

Xera, panchera,
cocón y cocera.

Chunillas, canillas,
garras de alambre,

te cayó una peña,
te fizió sangre.

Xera, panchera,
cocón y cocera.

Adiós, paco de Espelá,
polidas eslenaderas;
adiós, mocetas de Ansó,
que me'n voy enta arribera.

Xera, panchera,
cocón y cocera.

Escribir en ansotano

Ixo de tentá charrá y escribir en ansotano me fa muyto goyo. En fa muytos años que fablá como os de antes pariceba cosa rara. Os forasteros no entendeban y se arreguiban, y os ansotanos se quedaban deván de ellos como entrecullius. De allí venió o mal. De 45 años enta arriba, todos hemos escuytáu, fabláu en ansotano puro. Lo aprendiemos desde críos cuando así fablaban os grandes. Lo aprendeban hasta os fillos de os carabinés porque yeran más os mocés nacius en o lugá que fablaban siempre ansotano en casa, en os chuegos y en a carrera. Alora yera ixo cosa corriente, agora ye cosa rara...

Pronto fará 65 años que yo empecéy a escribir-lo, cuando yeray de teta. Lo domino bien. Querrieray siempre fablar-lo entre os naturals, pero empiezo y, en quis de respondé-me en ansotano, lo fan en señorito, como señor rector en a trona u señor maestro en a escuela.

No tiengo tozuelo pa otras cosas, pero sí pa ixo que claman Letras. Domino el latín, tanto el clásico como vulgar d'o Medievo. Me defendo en griego y en francés... Apoyáu en o latín antiguo, en o latín medieval, en o griego y algo en o francés, trobo todo o que ye ansotano puro.

Ixos versos tuyos no me cuacan porque dialectalmente fallan y porque tienen ideas que hoy no encajan. Pero son admirables porque revelan un patriotismo local digno de todo encomio. Te felicito.

Hasta anitarde no pudiéy leé con pausa ixos versos ansotanos. Por o que veo, te fa goyo escribí de ixa traza. También a mí me ha dau a misma falaguera, aunque heba de haber siu antis, cuando yeray más choven y tenebay a fren más clara.

Pero me parixe que agún vi'stá tiempo de fé-lo por que o ansotano no desaparexca. Ye lengua tan antigua como os vestius y como o lugar. Por ixo vi'stá agora chens que a gusto escuitarían a os que fablan ansotano. Son casi siempre chovens, mesaches y mesachas, que estudian as lenguas viejas: griego, latín, francés, ibero y vasco. Les parixe que en Ansó vi'stá muytas palabras que tienen parentisco con ixas lenguas. Ye verdá.

Se fablaba bien en ansotano cuando yo yeray crío de teta, agora fa 64 años. Alora todos lo charraban: en os fogariles, en carrera, en os treballos y en os ganáus. Si no yera os forastés, o maestro en a escuela u os curas en a trona, apenas oíbamos fablar otra cosa que ansotano. Por ixo lo aprediemos bien y no se nos ha borráu de a cabeza. Lo tenemos bien metiu en o cocote y no fa falta tener muyto tozuelo por acordar-nos de todo.

De aquí enta deván, yo, naxiu en o lugar, fablaré ansotano como os de antes sin entreculli-me porque os demás se arrigan.

[*Por o que veigo*]

Por o que veigo, parixe que agora nos ha dau a falaguera de fablar y escribir en ansotano. O empeño me fa muyto goyo. Antis parixeba que fablá de ixa traza yera cosa de retrasáus. Agora parixe que gusta a os chovens, mesaches y mesachas que estudian Letras y plegan enta o lugar pa escuitar charradas ansotanas porque creyen que ixa manera de charrar tiene parentisco con as lenguas viejas que ellos aprenden.

Y ye verdá. Os ansotanos fablamos muytas cosas que son latín y griego y francés y vasco, etc. No lo sabébamos, y por ixo vi'stá muytos que se tienen a menos fablá ansotano; se quedan como unos entrecullius.

O lenguaje nuestro ye tan antiguo como os vestius y o lugar, y hébamos de practicar-lo sobre todo os grandes de 50 años enta'riba que lo empecemos a oír cuando yéramos críos de teta y lo aprediemos bien en os fogariles, en as carreras, en os treballos y en os chuegos. Alora casi todas as cosas se deciban y se clamaban en ansotano por do quiera las oyebas. Agora, menos, y a os fillos, a os curas en a trona y a os maestros en a escuela.

O primero que agora fa falta ye escribí ixos ditos en corriu. Dispués ya vi'stará tiempo de fé-lo en verso, que ye más rápedo. A mí no me cuaca fé versos porque tira libertá en a manera de decir y os mismos ditos ansotanos no ye fácil acoplá-los. Ixe vulco tuyo por versificar as glorias de Ansó me parixe bien, pero ye pronto aún.

Deván de otras fablas montañesas, o ansotano gana a todas en viejuras y rareza, aunque no lo parixca. Yo así lo trobo dispués de haber metiu a fren y os güellos encima de os libros escritos en ixas lenguas que he dito antes.

Uno de os mayós goyos con que sueño ye probar o que he dito escribiendo bellas planas con romances ansotanos y dando alguna regla de gramática y fonética locales: conoxer os vocablos y a son que tienen en o lugar. En o vocabulario, trairé palabras raras de carreras, casas, mons, vals, arbols.

Fer una xerata

Van enta o mon a pillar tarrancos y ramas de allagas, buxos secos y pinetas. Fan un montón con a leña que se clama chilera. Prenden un misto. As flamas puyan. Os mocés brincan por encima de a foguera, tosen y ploran de o fumo que fa. Mientras, otros tocan as manos y cantan este dito:

Chera, panchera,
cocón y cocera.

En lenguaje greco-hebreo se escribiría parecido:

Sera, pan sera,
kokon kay kokera.

Y se traduce:

Fuego, todo fuego,
rojo y rojería […].

Antes más os mocés de Ansó teneban muyta costumbre de chugar a fer xeratas, que tamién claman fogueras. Rancaban enta o mon a fer tarrancos y ramas de allagar, buxos secos y pinatons. Veniban cargáus y cansos con alguna puncha u eslardón en as manos. Con a la leña que trayeban feban una pira, montón que clamaban chilera. Ceban un misto en os prendallos, allagons. O fuego rompe, as flamas puyan, o fumo crexe. Algunos mocés pillan carrera, brincan por encima de a foguera, se escanan y ploran de a fumera negra; salen con as cellas socarradas y con alguna purna que se les ha metiu en o calcero. Os otros fan corro debán de a xerata y se itan ta zaga de o caló que fa.

O peor de todo ye que, si plegan enta casa con as cellas socarradas y con os peducos quemáus, les dan lapos y tuñina.

[*¿De dó sales?*]

M[ADRE]. ¿De dó sales?
[FILLO]. De paco Ezpelat, de fé una carga de buxacos p'o fuego.

M[ADRE]. Plegas cheláu. Tira-te as abarcas y cala os pies en o calacañá pa callentá-te. Mete os peducos en os caminals. Ya voy a puyá una miqueta o canaril y o caldero de os agozos pa que te plegue a flama. ¿No has traiu magorías?

F[ILLO]. No, ni usons, pero tienga ixa mosta de gorrillons y esta de arañons que he podiu trová.

M[ADRE]. ¿Ta dó vas con tantos tochos?

F[ILLO]. P'os pastós, madre. Algunos son de betelaina y otros de cardonera, y los ficiéi ayer en Berricho contra a varella de Mendiara.

M[ADRE]. Cudia, que te saltan as purnas t'os chinullos. ¿Quies meté-te otros valons?

F[ILLO]. No. Después de chentá, cuando estéy bien refociláu, me refilaré. Agora tiengo frío y podríai pillá una mala calda. Yera ya escuro cuando he saliu d'o mon y creyebai que no plevería, pero ya lo viyez vos, madre, he plegáu todo mulláu. Ye que querebai fé-me otra carga de tizones, y por ixo se m'a feito tarde.

M[ADRE]. ¿Quiés que te fayai chenta en a sartana? ¿No te fan goyo unos sarrions con saíno? No tienen muito chuco, pero son güenos, de Ydoya, y los trovó o mesache de Mengorría. Venió t'a casa y me dició que li'n guardarai a t'agüelo, pero se están fendo duros.

F[ILLO]. Güeno, me lo podez fer, pero después ya me darez un travil de pan y cholla de ixa cecina de sarrio que tenez en l'aro d'a chaminera u, si querez vos, una chinchorra de cochino que ez matáu.

M[ADRE]. Posa-te en a cadiera mientras te foy o potage. Tamién te voy a puyá d'o solero unas mazanas que trayoron de Arrozpedea. Después o que puedes fé ye í-te-ne t'a cama un rato. Zarraré os postigos d'o ventanico pa que no te entren luz ni roius.

F[ILLO]. Güeno, ya me clamarez a meya tarde, que tiengo que ir a brendá con os mozos.

M[ADRE]. ¡Ay, patarieco! ¡Cómo cambian os tiempos! Antis más puyábamos t'o cubilar a regar a remendina; después, a porgar con o aral y a listabea, y con una tallada de pan y una binza de cebolla pa un otamén a meya mañana. Alora nos feban falta muytas cosas; agora tenez de todo y os criaz bien fartizos. ¡Virgen! Voy a oxar as gallinas de fuera, que están en o solero comiendo-se as granzas. [*(Baja al patio)*]. ¡Oxa d'otri! ¡Ya se lo han zampáu! Agora aguaita. *(Sube del patio)*. Juan, no te ites a dormir en o fogaril; ita-te n'a cama d'o posiento grande.

(Pasa Orosia).

[OROSIA]. ¿Qué fas, Antonia?

ANT[ONIA]. Nada. Aguardá que se faya hora pa clamar a Juan, que s'ha itáu n'a cama. Mira, ¿no veyes ixe hombre que pasa? Parixe pijauto.

OROSIA. Ayer fabloron con él os hombres nuestros y deciban que yera meco. ¿Yes fatua? ¿Pos no viyés t'anitarde que veniba por o camino d'a fuen y entraba t'o lugar por O Capitero y baxaba por a carrera de Arrigo? Ya vendrá a arreguí-se d'as basquiñas y d'os valons d'Ansó. A tochadas lo tenébamos de arrullar d'o lugar. No fan más que mals y trayer as modas y os vicios. Y os hombres d'Ansó son tenos porque no fan más que fé-lis corroclocos.

Antonio Jesús Gorría Ipas (1983)

Como Juan Francisco Aznárez, y junto a la denominada *literatura de autor*, otras personas continuaron interesándose en recoger la tradición oral en ansotano durante los años ochenta del siglo XX. Uno de sus recopiladores en esas fechas fue Antonio Jesús Gorría Ipas, estudioso de la geografía, la historia y la cultura ansotanas, además de autor de numerosos estudios sobre tales temas, como «Desplazamientos demográficos temporales desde el valle de Ansó al Pirineo francés» (Gorría, 1983), *Evolución y crisis demográfica de la organización social: el valle de Ansó* (Gorría, 1987), *El Museo Etnológico de Ansó: reflejo de la historia y cultura de un pueblo* (Gorría, 1993), *El valle de Ansó y su traje tradicional* (Gorría, 1999) o *El traje tradicional del valle de Ansó* (Gorría, 2017).

En el primero de ellos, «Desplazamientos demográficos temporales desde el valle de Ansó al Pirineo francés» (Gorría, 1983), incluyó una versión distinta de [*Adiós, paco d'Ezpelá*] en la que, según el estudioso, los dos últimos versos se añadían si el estado de ánimo permitía bromas o crítica y estaban dirigidos irónicamente a quienes no necesitaban salir a trabajar fuera del valle (Gorría, 1983: 46).

[*Adiós, paco d'Ezpelá*]

Adiós, paco d'Ezpelá
y polidas eslenaderas;
as mozas se'n van ta Francia
y os mozos t'a Ribera.
Os que no valen pa nada
se quedan en esta tierra.

Además, recogió dos coplas más, [*Adiós, Ansó de mi vida*] y [*Abrí puertas y ventanas*] (Gorría, 1983: 47), ambas bastante castellanizadas, como puede observarse a continuación.

[*Adiós, Ansó de mi vida*]

Adiós, Ansó de mi vida,
cuándo te volveré a vé,
cuando as ojas de os arbols
vuelvan a reverdecé.

[*Abrí puertas y ventanas*]

Abrí puertas y ventanas
y asomar-os a mirá,
que baja por o Concello
toda a flo de o lugá.

Migalánchel Martín Pardos, Armando Otero Ruiz y Migalánchel Pérez Gil (1984, 1986 y 1989)

Otros recopiladores de literatura oral en ansotano en aquella década de los ochenta fueron Migalánchel Martín Pardos, Armando Otero Ruiz y Migalánchel Pérez Gil, conocidos como *Os Zerrigüeltaires*. En las excursiones lingüísticas que realizaron para grabar a hablantes de diferentes variedades dialectales, entrevistaron en Ansó a José Aznárez López y a Jorge Puyó Navarro en 1984 y 1986, respectivamente. Los dos habían sido pastores trashumantes y fueron los últimos que vistieron habitualmente el traje masculino tradicional ansotano, el *de calzón*. Además, Jorge Puyó fue escritor en castellano. Ambos les facilitaron otras variantes de la copla [*Adiós, paco d'Ezpelá*].

Fallecido Armando Otero, los otros dos estudiosos, Migalánchel Martín y Migalánchel Pérez, las transcribieron. Se copia aquí en primer lugar la ofrecida por José Aznárez en 1984 (Martín y Pérez, 2008a).

[*Adiós, paco d'Ezpelá*]

Adiós, paco d'Ezpelá,
pulidas eslenaderas;
as mozas se'n van enta Francia
y os mozos ent'a Ribera.

Las versiones dadas por Jorge Puyó en 1986 fueron dos. La primera de ellas también tiene la adición de dos versos finales anteriormente comentada (Martín y Pérez, 2008c).

[*Adiós, paco d'Ezpelá*]

Adiós, Paco d'Ezpelá,
polidas eslenaderas;
as mozetas d'Ansó se'n ban ta Franzia
y os mozos ent'a Ribera
pa criar corders
que puyan de primavera.

[*Adiós, paco d'Ezpelá*]

Adiós, paco d'Ezpelá.
Adiós, Ezpelá solano.
Adiós, mocetas d'Ansó,
que me voy a Montañano.

José Aznárez enseñó, además, a Os Zerrigüeltaires otras coplas en ansotano, a saber, [*Virgen santa de Puyeta*], [*Más valen as abarqueras*], [*Dende os puertos d'Ansó*] y [*No t'espantes muito, Emilia*] (Martín y Pérez, 2008a).

[*Virgen santa de Puyeta*]

Virgen santa de Puyeta,
vos qu'estaz en lomero,
casaz pronto a os de Fago,
pero a os d'Ansó primero.

[*Más valen as abarqueras*]

Más valen as abarqueras
que llevan as ansotanas
que os pañuelos de seda
que llevan as riberanas.

[*Dende os puertos d'Ansó*]

Dende os puertos d'Ansó
baja l'agua encañonada

pa regar os clavels
que tiens en a ventana.

[*No t'espantes muito, Emilia*]

No t'espantes muito, Emilia,
que puyo por a ventana;
ya me'n tornaré a bajá
cuando a tú te dé la gana.

Sin mencionar a los informantes, Os Zerrigüeltaires recopilaron en 1986 más testimonios de literatura tradicional en este dialecto aragonés, a saber: las coplas [*Ent'as selvas más oscuras*] —que es una versión de la ya citada [*Ent'a cueva más oscura*], recogida por Gregorio Garcés—, [*Toda la noche e camináu*] y [*Ni con candil hoy se troban*]; el dicho [*Montañés, caga dinés*], y el pregón [*Se fa sabé*]. Se copian seguidamente todos los textos enumerados (Martín y Pérez, 2008d y 2008e).

[*Ent'as selvas más oscuras*]

Ent'as selvas más oscuras
que vi'stá en o mon d'Ansó,
me'n tiengo que í a viví
si tú me dices que no.

[*Toda la noche e camináu*]

Toda la noche e camináu
pisando a ñeu fría
solo por vení-te a vié,
ansotana de mi vida.

[*Ni con candil hoy se troban*]

Ni con candil hoy se troban
trajes como os que bi'stá en Ansó,
tan polius, tan elegantes...
y con ixa distinción.

[*Montañés, caga dinés*]
Montañés, caga dinés; si no'n i tiens, busca-ne.

[*Se fa sabé*]
Se fa sabé que todos los vecinos que quieran puyá a treballá al barranco Bruztia, a despeñá madera, les darán 80 pezetas de chornal y fardos como fiemos.

Además de esta literatura tradicional, entre 1984 y 1989 Os Zerrigüeltaires grabaron conversaciones con diferentes hablantes de Ansó y Fago. Como se ha indicado, en 1984 entrevistaron al mencionado José Aznárez López; en 1986, a los hermanos Francisco y María Gastón Aznárez, de Ansó, pastor él y dedicada a las labores del hogar y del campo ella; y, en 1989, a Benito Navarro Barcos, ganadero de Fago. Migalánchel Martín y Migalánchel Pérez han transcrito algunos fragmentos de las charlas mantenidas, bajo los títulos «Comentarios J. Aznárez de Ansó», «Ansó: Francisco y María Gastón» y «Fago: entrevista al pastor Benito Navarro Barcos», respectivamente. Se copian aquí esos textos, siempre que tengan valor comunicativo, sentido completo y entonación propia (Martín y Pérez, 2008b, 2008f, 2008g y 2008h).

Comentarios J. Aznárez de Ansó

Muita chen yiban vestius de calzón. Muitos d'ivierno s'iban a treballá ta Francia, a picá pinos enta ixo de as Landas, y de primavera veniban con pantalons y bombacho, y a moniqué se'n fue perdiendo a tradición […].

En charran muitos l'ansotano. Yo agora lo charro mejó que nunca porque antis bajabai t'a Ribera y tenebai que charrá d'otra manera, y agora, como no salgo de casa por biejo que soy, aquello ya se m'olbida y ya charro otra vegada como aquí.

Muita rivalidá in ha estáu siempre y no s'acabará nunca. Como os d'Ansó tenemos en a frontera toda una faxa, os chesos no abugan con Francia y lis tiramos a frontera. Os ganáus d'Echo, en tiempo de caló, pues brincan pu'arriba y, como lo d'arriba ye mon d'Ansó, pues pecan siempre y los tenemos qu'está manteniendo. Lis denunciemos 300 vacunos, pero s'empeñoron en no pagá y les dejemos está.

En Ansó dende fa más de 80 años bi'staba de o Conzello molino de farina y fornos, y teneban luz elétrica, que no'n teneban en muitas poblacions, y os servicios médicos y veterinarios gratis.

Ansó: Francisco y María Gastón

—¿Cómo ez beniu t'aquí? M'alegro muito. ¡Uy, chico! Aquí estamos chuntos. Pero, bueno, ¿pa qué no beniz t'aquí cuando esté o traje?

—Porque no hemos podido hasta ahora.

—¡Ay, qué coñe, demontre! ¡Chicos, os tienen pilláus d'as garroteras y no os dejan venir de visita! [...]. Ha feito un ivierno o más pésimo d'o mundo, y en Navidades aquí lo que bi'staba abundante chelo por todas as carreras. Sale a ñeu de mañanas y, si sale una boladeta d'aire, ¡adiós, Catalina! ¡Si primavera no'n ha feito aquí, más que aguarruxos a todas oras, no'n ha feito otra cosa!

—¿Charran ansotano en la residencia?

—No, porque no nos dejan. Entre nosotras, sin que nos vean, sí, cuando estamos en el salón sí charramos a nuestra manera d'aquí.

—Hace unos cuatros años el Centro de Televisión Española en Aragón hizo un excelente reportaje en Ansó. Contaron sus vivencias los principales protagonistas, que fueron María Mendiara Navarro, de casa Soro, de 92 años; su hermano Antonio, de casa Blanquis, de 86 años; José Aznárez López, de casa Chorchis, de 84 años, y Jorge Puyó Navarro, de casa Monreal, de 84 años. Todos ellos vestían siempre el traje ansotano [...].

—Charraban en un fogaril. Saliban en televisión os más viejos, las mujeres filando y María Mendiara, que agora ye agonizando con 96 años; le dio como una ambolica.

—¿Usted yera pastó? ¿Qué tal con las ovellas?

—Sí, pero las he teniu que bendé.

—Yo teneba que ayudá y ya me cansaba d'está-me pastora. Teneba que bajá muitas bezes enta os caballez y fé-me cosas [...].

—¡Qué rato más majo! ¿Verdá? —exclama entusiasmada María—. Él chentará. Una bez que chente mi hermano, yo me iré t'a casa mía. Allí tiengo a chenta recomendada. Un día... u se me socarra u no se me cueze. Pa preguntá por nosotros, ¿cómo les ez dito? [...]. He cumpliu ya os 79 años; os prosimos, l'abrazo, os 80, y Francisco, 70 años.

—O 16 de mayo de 1915. Ha pleviu muito, y chela —dice Francisco.

—Sobre la rivalidad con la vecina villa de Echo y la amistad con los navarros...

—Ansó, de do yera o terreno desde a Foz de Biniés, desde Sanz, fuoron enta Madrí. En bi'staba pleito, y una vez que Ansó lo ganó, y cuando benioron, os chesos los atraporon. ¡Qué mal fizieron os chesos! Plegan enta o mon d'alto y dicen que ye d'ellos, y ye todo nuestro, d'Ansó. Ya pueden fé lo que fayan, pero que no lo ganan nunca. Fizioron os mojons de madera y os cremoron; agora los han feito de fierro, a bié si los pueden cremá. Una bez le dije a una chesa: «Os lo querez apropiá, pero no ye buestro, os lo disfrutaz». As bacas las claban dentro y les en dejan que se lo coman, pero no ye d'ellos, que ye todo nuestro, así mismo. En cambio, con os nabarros tenemos una amistad grandísima porque, si d'aquí pasan bacas y as obellas que s'esbarran y ban a parar ta Nabarra, las replegan y mandan recáu. Y, si d'allá bienen t'aquí, se les manda recáu y se les avisa y estamos en santa paz; se fa todo dibinamente.

»Antes a línea de l'autobús baxaba por aquí; agora bi-stá qu'í enta Echo.

—Sobre el Tributo de las Tres Bacas y lo de los Tres Reyes...

—Ye un Tributo d'as Tres Bacas; siguen fendo-lo ixo. A Meseta d'os Tres Reyes ye una punta de monte, una búa de Franzia, Aragón y Nabarra, y en a punta, todo peña.

Fago: entrevista al pastor Benito Navarro Barcos

—¿Usted ha sido ganadero?

—He siu ganadero toda a bida.

—¿Qué tipo de ganado ha tenido?

—He tenido obellas, crabas y vacas; crabas menos que obellas, 3 u 4 por ciento de crabas pa un ziento de obellas. Llegué a tener 800 u 1000 obellas; crabas, 30 u 35. Cuando más tuve fue después de la guerra.

—¿De qué raza eran las ovejas? Sobre el reparto de los puertos...

—De raza ansotana, una raza, y lana entrefina. Hasta el año 38 estuve por Cinco Villas; desde 1939 hasta 1970 cayé en Lanaja hasta que me desfize d'as obellas. Estuve en una finca de D. Juan Mariano Berdún Clavería todo el tiempo, treinta y tantos años.

»En el verano íbamos a nuestro terreno, al valle de Ansó. Se feba un sorteo el día 13 de junio, o día de San Antón, o Memorial de los Puertos, o día del reparto de los pastos. Se echaba un memorial por cada denominación de puerto; por ejemplo, había treinta y tantos puertos (Tortiella, l'Acherito, Chipeta Alto, Chipeta Bajo, Anzotiello, Quimboa Alto, Quimboa Bajo, Paco Gamueta, A Foya Gamueta, Chinebral, Linza Maz, Linza Petrachema, Sobrante de Linza, Mazandú, Loma Pinaré, Sayesticó, Estribiella, Guarrinza, Archibú, Paco Zalbochá), y te tocaba según la suerte del sorteo. Cada nombre de puerto estaba catalogáu por l'Ayuntamiento en un cupo con o mínimo de 1000 cabezas, y el que no lo teneba s'achuntaba con otros hasta llegar a las 1000.

—¿Por dónde pasaban y cuánto duraba la trashumancia hacia las Cinco Villas?

—Antiguamente salíbamos con o rabaño a finales de noviembre, primeros de diciembre desde Fórcala. S'iba por la cabañera de Cinco Villas; transcurriba por Berdún, Martes, Longás, Luesia, Biota, Ejea y todas las

Cinco Villas. Beniba a costar 10 u 12 días porque estaban as obellas pre-
ñadas y había que ir más despacio. La otra cabañera que frecuentábamos
enta Lanaja iba por Bailo, La Peña, Murillo, Ayerbe, Almudévar y ya hacia
Los Monegros. Hay otros ramales secundarios que enlazabas entre unos
y otros. De Almudévar había un cruze que te metebas por o Somontano
e iba enta o Zinca.

»A fin de mayo tornábamos a puyar otra bez por o mismo sitio, dispués
d'haber esquiláu, escepto si saliba algún año malo que había que puyar a
esquirar t'allá arriba, que de todo tocó, por llover, de ser una primavera
mala y recurrir a puyar enta o terreno nuestro.

—Las esquillas y los cencerros: tamaños, formas y nombres…

—As esquilas, os cencerros, os esquilones… A las esquilas, se les deziba
cañones del 9, 8, 7; del 6 ya ibas rebaxando o número hasta cuartizos y ya
esquilas planas. As obellas llevaban realeras; ixo ya yera un tamaño más
pequeño pa la obella. Os cuartizos y os cañones yeran pa os chotos.

—Creencias y supersticiones que existían respecto a la protección del
ganado, contra enfermedades…

—A peste ye a que más afectaba al ganáu, a tiña (roña en el lomo),
que no podeban criar por una peste; muitas bezes a miseria por caparras,
piojos. S'untaba con zotal y azeite de chinebro.

—Principales peligros que acechaban al pastor del rebaño…

—Podeban existir muitos peligros. Todo dependeba de la inteligencia
del pastor, de procurar ebitar-lo, d'un amotinamiento con sol, calor.

»Entre Ansó y Fago, en os años 60 había una ganadería que, entre cor-
deros y obellas, se contaron sobre 58 000 cabezas de ganáu entre os dos
pueblos.

»Os borregariles (rebaños jóvenes) estaban en Astanés y otros sitios,
unos 14 u 15: L'Achar, A Loma, O Rincón, O Solano, Cañaz Alto, Cañaz
Baxo, As Crabetas, Ibón de Estanés, A Fontaza…

—Gritos del pastor o silbidos para llamar u ordenar el ganáu…

—Cada pastor teneba su estilo de chiflo: chiflar o gritar y as obellas
atendeban. Les dezíbamos chiflitos. A la boz de burreo responden as
mulas; as obellas, a la costumbre del pastor. O chiflito ye que iba a man-
dar o perro y, claro, a obella, temerosa ante a preparación del chiflito,
tornaba.

—¿Dónde guardaban el ganado?

—En a tierra baxa estaban en as parideras. En as montañas, en o
monte, a veces algunos tenébamos bordas con campos y las acubilábamos.
Chunto ent'a borda yera o cubilar, a l'aire.

—¿Se hacía contrato anual entre el amo y el pastor?

—No, era todo de palabra. Se renobaba; en nuestro valle s'acostum-
braba cuando se benzeba l'año, especialmente pa la sanmigalada. «¿Has

ajustáu o pastor?», deziban, y d'allí beniban os conflitos. Yo teniéi un pastor en a montaña, en término de Fago, que lo llevaba él con os mardanos y alguna parida y crabas de primavera; en total, llevaba unas 150 cabezas, y se me dormiba todos os días y me feba un aprezio (multa 100 pts.) de un trigo, porque entonces se sembraba todo. Yera una época que no se podeba despedir y me quejé al delegáu de Trabajo de Huesca. Al tiempo lo despedí con una indemnización acreditando-lo.

»Os guardias monteros controlaban en cada puerto que no se cambiaran os mugones. Si algún pastor no feba lo que teneba que fer, os monteros, si lo bieban en o tiempo de fer o mal, lo denunciaban.

—Jerarquía de los pastores. Nombre del rebaño según su clase y número de cabezas...

—O mairal yera o mayor; o más pequeño, o repatán. O ganáu, d'o mote de la casa. O ganáu, en o monte baxo; sembrábamos los campos, femábamos. Mi casa teneba una borda en cada bereda, y o ganáu de primavera y de sanmigalada lo tenébamos en a partida que estaba yerma pa femar.

—Clases de montes y de hierbas...

—Había puertos catalogáus, os comunes: Guarrinza, A Taxera, Lo Forato. Había corros en los puertos donde se criaba o zerrillo, una yerba basta que punchaba, entre meyo d'a yerba común.

—Nombre de las reses por su edad o estado...

—Corderas en el año que nacen; al año, borregas; a los dos años, primalas; a los cuatro años, cuatremudada; frescuala, a los zinco; y zerrada, a los seis años, ya biella. De crabas, tamién por el estilo: primero, segallos, y luego, chotos. Pero yera una cosa más secundaria; se teneban, más que nada, por tener chotos, pa guías, y sostener a algún cordero güérfano, por ejemplo si pariban dos obellas. A las crías de la craba se les llamaba crabitos. Aparte de si necesitabas tres u cuatro pa chotos, pues os crabitos se bendeban, y después aquella leche d'as crabas pa os corderos.

—Esquileo y esquiladores. ¿Se hacía por cuadrillas?

—Sí, en la tierra baja. Beniban de la provincia de Soria, de Bubierca y de otros pueblos. La cuadrilla la componeban unos 14. A mí me tocó dos o tres años de primaveras malas y teneba que puyar con o ganáu a esquirar t'allá arriba y allí puyaban también os esquiradors.

»La lana ansotana (entrefina), s'acostumbraba a fer a venta o 12 de mayo en a feria d'Almudébar. Yera también un costumbre que sobre o precio que fébamos a lana en el valle d'Ansó se regiban para os demás ganaderos, roncaleses (lana más basta), tensinos (lana más peluda), etc. Se nombraba una comisión con dos u tres d'Ansó, uno de Fago (yo fui muitas bezes), pa fijar o precio con os compradores. A mayoría yeran catalanes. En a tierra baja (a raza monegrina) a lana yera más fina que a nuestra.

—¿A los esquiladores se les daba la comida?

—Todos os días, y se marchaban bien comidos. Allí no se recatiaba nada. En os Monegros iban por turnos, detrás d'un ganadero otro. Unos esquiraban tres días; otros, dos; otro, uno; dependeba del rabaño que teneba. Se enranchaban (meter-las en un corral que no ven a luz pa que sudaran y así a lana coge más peso). Empezaban con a comida por a mañana con un vaso d'anís; después, un poco de longaniza o chorizo y vino o lo que quereban; luego, l'almuerzo; a las 10, el taco (bocadillo de jamón o longaniza); al mediodía, judías primero y después o rancho o calderada de carne con arroz o patatas a la pastora con buen vino. A mitá tarde, merienda. Luego, a zena y, allá a las 11 de la noche, pernil. Yera una cosa tremenda, pero cómo comeban y cómo aguantaban treballar tantas oras. Por a mañana, al levantar-se, no se oían más que partos (gomitar por un lau u otro). Había quien s'esquilaba 100 obellas a tijera. Yo le pagaba a o cabezero de los esquiradores. Os pastós, como estaban cansos de treballar, no teneban ganas de cantar.

—Ordeño y elaboración de quesos…

—Yo ordeñé poco, de obella y alguna craba. Jorge Puyó sí que ha feito mucho. Ordeñaba 300 obellas y después regalaba todos os años 20 u 30 quesos. Teneba más fama o queso roncalés. Jorge Puyó sí que ha sido un pastor, pastor, pastor.

»O queso primero se feba con cuallo d'os crabitos. Cuando un crabito teneba un día o dos y se moriba, o cuallo se recogeba en una bolseta. S'esmenuzaba y s'echaba proporcional a la leche y la leche se cuallaba. Luego binior'os polvos y o cuallo se dejó. Os polvos los trayeban de la Francia. Ye que Francia ye más industrializada en o queso. Solo tienes que ver que en a frontera un ganadero d'aquí con mil obellas no yera rico y en Francia uno de doscientas a seiscientas obellas sí que lo yera. A caseta francesa, equiparada [sic] con todo, de café, de licores, de mantequilla, de todo. As casetas d'aquí, pan, vino y tocino, y otras en las que no podebas entrar, y ellos, una pasada.

—Ocupaciones y faenas de pastor para entretenerse…

—Fer canablas de caxico joven y, os que yeran mañosos, cucharas de buxaco y dibujar-las; otros, nada, a dormir. Yo teneba un socio que dibujaba cucharas, una maravilla. Teneba diez u doce, pero me las furtoron de la paridera donde estaba. Dibujaba una obella pariendo en a coda d'a cuchara y o cordero saliendo de la madre y a rabosa pillando-lo, perfectamente igual.

—Otras fiestas y diversiones de los pastores…

—En a Ribera no se observaba ninguna fiesta. Allá arriba ya veniban as fiestas de guardar. Bajaban de puerto cada ocho días, os mairals os días de fiesta y os repatans os domingos; cada domingo bajaba uno a guardar fiesta.

—La alimentación del pastor…

—Se basaba muito en migas. En a Ribera se ponía por a noche judías, zezina, tozino, patatas y algún rancho, porque donde había rabaño nunca faltaba carne, pero poca fineza, y vino, que antiguamente no gastaban, que yo lo he sentido nombrar.

—¿Llevaban traje?

—Fago era más despegáu pa eso de los trajes que Ansó. Yo no llegué a llevar calzón, pero primos míos de mi edad en Fago, de casa Balero, sí que lo llevaban, con las calzas, tres clases en las pantorrillas, los zaragüelles, el calzón, a faxa, chaleco, blusa, camisa, camiseta, o cacherulo y o sombrero.

—Si falta una res, ¿se entera?

—Yo no teneba esa facilidad, pero un tío mío, Román Gastón, de casa Valero, con su ganado de 1000 obellas, se daba cuenta. Deziba: «Hay cuatro obellas forasteras aquí». Las conoxeba en o pelo; en a vista yera un linze.

—Marcas y señales del ganado…

—Mi ganáu teneba de marca un triángulo, y de siñal, una güesca en la orella dreita pa atrás y otra en la orella izquierda p'alante. Se acostumbraba a siñalar o Jueves Santo. M'acuerdo que se deziba: «No salen modorras si se les siñala o día de Jueves Santo». Marcar, se marcaba con pez a los ocho días de esquilar. ¡Cuidáu lo que se aprende de pequeño, que no se olvida nunca!: «Mia que va a venir uñazas, que va a venir cocón, que va a venir el diablo».

»Soy creyente, pero no muy azérrimo, pero, en cambio, bi'stá momentos que t'aclamas a un santo o a otro, a lo que sea, y ye que te lo enseñaron de pequeño. Como cuando te ocurre una cosa mal vas en busca del bien… ¿A quién t'aclamas? ¡Ay!, a san Antonio, como el cheso…

»¿Sabéis o refrán del cheso? Un cheso teneba un par de güeis y uno se le mete en una balsa y yera de barro y no podeba salir y empieza a rezar: «¡Ay, san Antonio, saca-me o güey de la fanga, que te l'ofrezco en zera». Y o güey empezó a salir, a salir. «¡Ay!, lo güey que me vea fuera, pa días verás la zera».

»Una vez un cheso o día del Corpus le robó un cordero a otro. Coge, se lo lleva a una caseta y lo degüella. Lo estripa y o menudo salió a lavar-lo a un riachuelo que baxaba allí. Lo lava bien y se lo pone en la faxa y se va a misa. Dice: «Después de misa pillaré lo corderé y me lo llevaré enta casa». Llega en misa y empieza o cura: «Egoístas, que sois unos egoístas, que todo lo hacéis por una tripa». «¿Te quieres jugar que este granuja m'ha visto meter-me o menudo en a tripa?». Conque se la quita y le dice al cura: «¡Toma, si por la tripa no es! ¡Ay [sic] va!». Y entonces él descubrió que había robado un cordero.

—Enfermedades del ganado…

—A basquilla, o banzo. Yo creo que son enfermedades que nadie as ha llegado a controlar: a basquilla porque muitas vezes veniba del eszeso de pasto, demasiada sangre, demasiada gordura; o banzo se produce de muitas formas, una de ellas una saladura mal comida le afecta al banzo. O moquillo, a tiña (que ya la hemos charráu), as caparras, piojos, pero ixo lo acarreaba a miseria. Otra yera a modorra; una modorrera ataca t'a cabeza; había que matar-las.

—Sobre la venta de las últimas ovejas…

—Por tres meses no tengo pensión. Pensaba morir-me a los 70 años. Estaba en Lanaja con 500 obellas, el hijo en Madrid y la hija en Zaragoza, y me dijeron: «Papá, si no te vendes as obellas, ya no venimos a ver-te más». A mí me parixeba que, si las bendeba, yo ya no yera nada en iste mundo.

—Y las vendió y se empezó a morir —comenta Armando con su humor socarrón.

—Mi hijo le dijo a un comprador de Ejea, un tal Machín, que me comprase as obellas. Se presenta en Lanaja y…, por os mardanos, no las quereba; deseaba otra raza. Le llamó mi hija y le dijo: «Venga a buscar-las; os mardanos, ya veremos lo que femos». As vendí, y d'esto fa 16 años y aquí estoy. Yo teneba 70 y me parixeba que teneba 40. De cada 7 días, 4 dormiba en Zaragoza. No estuve casado más que 5 años porque se murió a mujer, y los hijos los tuve 9 años fendo os estudios en Norteamérica. Cuando terminaron as carreras volvieron aquí.

—Riesgos y accidentes por el camino…

—Espeñar-sen, según o terreno. De Murillo de Gállego hasta La Peña bi'stá un trozo de cabañera que pasa por a carretera, y el otro año un coche de línea que bajaba de Jaca ta Güesca a uno de Ansó le mató 50 u 60 obellas.

—Cuando una oveja se ha muerto, ¿qué se hace?

—Antes s'aprovechaba as carnes si no estaban en descomposición. Yera a forma de vida que esistiba entonces. En muitos lugars se moriba una obella y la llevabas t'o carnicero y a mitá de precio la bendeba.

—Cuando se hiere una oveja o se rompe una garra, ¿qué hacía?

—Pues, curar-la con unas tachuelas. Se feba de una caña, cuatro tablillas, y de pez. S'ataban hasta que aquello se chuntaba, o güeso. Al veterinario le llamaban mariscal, y al médico, o zirujano.

—La trashumancia…

—A ganadería trashumante ye una forma de vida que ya no puede volver. En a Ribera a tierra que s'alimentaba aquel ganáu s'ha metiu imposible con roturaciones. Terminan de cosechar, a labrar para la siembra del otro año, cuando antes s'provechaba o ganáu pa descansar a tierra d'un año a otro. Agora bi'stá más ganáu en a tierra baxa que pu allá arriba, que ya ha desaparexiu.

117

—Los nombres del terreno (topónimos) de Fago...

—Yo teneba una partida en Beleis y otra partida Aragüés, donde teneba dos bordas y donde estaba o ganáu de primabera y de a sanmigalada pa femal. Fórcala, Alcayola, O Sacal, A Pardina, As Lomas, Ablento, Tatisté, Boneis, Larrón, San Chuan, Baldescalera, Escuitadero, Berabasa, Llerna, Carnaval, Berricho, As Peñas, A Carrería, a fuen de Amaxá, a fuen d'Arcal, a fuen de Chenaro, a fuen de San Juan, a fuen de Boneis, a fuen y cueva de Cucos, cueva Zamarras, cueva Coquis, cueva Salarriña (a las cuevas también se les deziba espelungas), O Foráu d'os Gabachos (a los franceses cuando fuyiban los echaban en o foráu ixe).

—Los nombres de las casas de Fago...

—Sastre, Poli, Balero, Chibarro, Petillano, Cuartillo, Sancha, Mariagueda, Alejos, Sacos, Canónigo, Melera, Capitán, Cantero, Chumillas, Justa, Marquera, Escorneta, Ambeles, Momolón, Marco, Carpintero (antes Camín), Petecó, Lamberto, Fanal, Chesa, Moloto, Marieta, Algareta, Cabalero, Chacalando, Chelero, Quilero, Cucos, Chacobo, Zaragozano, Ferrero, Llorón, Chanín, Antoniales, Roque, Barbareta, Meyo (casa Ambeles), Orán.

—Contrabandistas...

—Yo no he conoxiu nada d'ixo; has sentido contrabando de sal. Entonces en o lugar nuestro había carabineros. En Fago viven ahora 38 u 40. Llegó a tener 500 habitantes y he conoxiu 60 casas abiertas, 270 u 280 habitantes. Teneba 16 000 obellas de parir en Fago. S'acabó pronto porque no había solera antigua. En Fago casi todos os pastores yeran d'Ansó. En pocos años binioron muitos chobens a vivir. Fui teniente d'alcalde de Fago en a República, luego juez y después me nombroron alcalde con a Dictadura, aunque seguiba estando en contra del régimen.

Juan José de Mur Bernad (1986)

Entre los recopiladores de literatura tradicional en ansotano en la década de los ochenta del pasado siglo, hay que mencionar también al sacerdote Juan José de Mur Bernad. Maestro de capilla de la catedral de Huesca, entre otros muchos méritos, publicó el *Cancionero popular de la provincia de Huesca* en 1986 (Mur, 1986).

En esa obra incluyó la copla [*Adiós, paco de Pelai*], una versión de [*Adiós, paco d'Ezpelá*] que se reproduce a continuación (Mur, 1986: 239 y 592).

[*Adiós, paco de Pelai*]

Adiós, paco de Pelai,
famosas eslizaderas;
adiós, mocetas de Ansó,
que me'n voi ent'a Ribera.

Natividad Castán Larraz (1986)

Natividad Castán Larraz, maestra y escritora en lengua aragonesa, también tuvo interés por documentar el habla del valle de Ansó. Dada su vocación docente, desde 1980 impartió clases de aragonés en Jaca y, como actividades complementarias, programó excursiones a poblaciones de La Jacetania. Así, en la realizada a Ansó con los participantes de uno de esos cursos de lengua aragonesa, habló con el ya nombrado José Aznárez López, quien le proporcionó varias coplas que la autora publicó en la revista *Fuellas* en 1986 (Castán, 1986).

Por un lado, Natividad Castán recopiló las que el informante ya había facilitado a Os Zerrigüeltaires, a saber, [*Adiós, paco d'Espelá*], con una pequeña variación, y [*Adiós, Birjen de Puyeta*], otra versión de [*Virgen santa de Puyeta*]. Por otro, registró [*Ent'as cuebas más profundas*], variante de [*Ent'as selvas más oscuras*] y de [*Ent'a cueva más oscura*], documentadas, respectivamente, por Os Zerrigüeltaires y por Gregorio Garcés. Además, recogió una nueva, [*Como de o campo santo*]. Se reproducen a continuación todas ellas (Castán, 1986: 4).

[*Adiós, paco d'Espelá*]

Adiós, Paco d'Espelá,
pulidas eslenaderas;
as mozas se'n ban ta Francia
y os mozos ent'a Ribera.

[*Adiós, Birjen de Puyeta*]

Adiós, Birgen de Puyeta.
Vos, qu'estaz n'ixe lomero,

casá pronto a os de Fago,
pero a os d'Ansó primero.

[*Ent'as cuebas más profundas*]

Ent'as cuebas más profundas
que bi'stá n'o mon d'Ansó,
me'n tiengo que ir a bibí
si tú me dizes que no.

[*Como de o campo santo*]

Como de o campo santo
me despido d'ista casa
porque a'speranza que tenebai
allí la dexo enterrada.

María Pilar Benítez Marco (1987)

En mi primera estancia en Ansó, en diciembre de 1987, otra de las informantes que me facilitaron datos lingüísticos para la tesis doctoral sobre el habla del valle fue Antonia Gorría Puyó. Había vivido siempre en esa localidad y había estado dedicada a las labores del campo y de la casa.

Me mostró, igualmente, varias coplas en ansotano. Aunque algunas ya habían sido recopiladas y las hemos anotado en este libro ([*Paco d'Ezpelá t'arriba*], [*Sale o sol por a Reclusa*], [*Adiós, paco d'Ezpelá*], [*Virgen santa de Puyeta*], [*Valen más as abarqueras*]…), Antonia Gorría conocía variantes, y una de ellas, [*Adiós, a peña de Ezcaurri*], empieza de forma diferente. Además, [*A calle Mayó d'Ansó*] es inédita. Se publican aquí esta última y las nuevas versiones de las restantes (Benítez, 1987).

[*Paco d'Ezpelá t'arriba*]

Paco d'Ezpelá t'arriba,
paco d'Ezpelá t'abajo,

o primero que se troba
ye un gran sofá de buxacos.

[*Sale o sol por a Reclusa*]

Sale o sol por a Reclusa,
amanixe en Maidoguí,
pega a güelta por Alano
y se esconde en Zordoquí.

[*Adiós, paco d'Ezpelá*]

Adiós, paco d'Ezpelá,
polidas eslenaderas;
as mozas se'n van ta Francia
y os mozos ent'a Ribera.

[*Adiós, a peña de Ezcaurri*]

Adiós, a peña de Ezcaurri.
Adiós, a peña de Alano.
Adiós, mocetas de Ansó,
que me voy ta Montañano.

[*Virgen santa de Puyeta*]

Virgen santa de Puyeta,
que estaz en ixe lomero,
casaz as mozas de Fago,
pero as d'Ansó primero.

[*Valen más as abarqueras*]

Valen más as abarqueras
que llevan as ansotanas
que os pañuelos de seda
que llevan as riberanas.

[*A calle Mayó d'Ansó*]
A calle Mayó d'Ansó
teneba que sé d'oro,
porque la puya y la baja
a prenda que más adoro.

José Gastón Añaños (1988)

La aparición en Ansó en 1988 del primer número de la revista *A Sabaya*, publicación que tuvo un corto recorrido en el tiempo, permitió que se incorporara algún nuevo autor a la escritura en ansotano. Fue el caso de otro de los informantes que tuve para la realización de mi tesis doctoral, José Gastón Añaños, que, como él mismo me contó, había sido pastor trashumante durante cuarenta y cinco años. De ello escribió precisamente en el texto «De cabañera», que se publicó en el primer número de la citada revista y que se transcribe bajo estas líneas (Gastón Añaños, 1988).

De cabañera

Mañana, día 10 de noviembre, nos n'imos de cabañera. Ye menisté preparará as cosas que fan falta:
— 10 quilos de pan.
— 1 cántaro bino.
— 2 quilos de tocino.
— 1 quilo sebo.
— 1 litro aceite.
— O caldero.
— A sartana.
— A'sparrilla.
— O cucharetero de perello.
— O boto pa o bino.
— O cuezo pa muí a leche.
— O cubete pa l'agua.
— Un axáu.
— Un astral pa fé leña en do paremos a rodiá o ganáu.
A cabañera qu'imos a seguí ye esta:
— O primé día: d'Ansó t'a sierra d'os Ríos. Borda Farol d'Echo.
— 2.º día: d'a borda Farol ta o corral de Soldán, en o mon d'Embún.

— 3.ª jornada: d'o corral de Soldán ta Santa Cilia de Jaca, en do faremos acopio de pan, bino y o que sea menesté.

— En otro empentón, de Santa Cilia ta Botalla.

— O 5.º día: de Botalla t'Anzáñigo.

— 6.ª jornda: d'Anzáñigo ta Sarsa Marcuello.

— 7.ª jornada: de Sarsa Marcuello ta Monte Nuebo o t'o carrascal de Castilla.

— 8.º día: d'o carrascal de Castilla t'Almudébar.

— A 9.ª jornada: d'Almudébar, por Sangarrén, a dormí t'Albero Bajo.

— 10.ª jornada: d'Albero Bajo t'a rambla de Grañén, a dormí en a sarda.

— 11.ª jornada: d'a rambla de Grañén ta Sariñena.

— 12.ª jornada: de Sariñena ta Billanueba de Sigena.

— O zaguer día: de Billanueba de Sigena t'Alcolea de Cinca.

En o mon d'Alcolea, una bez plegáus t'a corraliza, fébamos güena xerata en a caseta y a pasá o inbierno a l'amparo de a Birgen de Puyeta.

Plegando mayo, a esquirá, y con o ganáu ya igualáu, a prepará a'lforcha y emprendé o camino de güelta t'Ansó.

Ixa ye a bida qu'emos llebáu os pastós d'o lugá: bajando y puyando t'a Ribera, aguantando as inclemencias de o tiempo, pero, como yéramos chobens, todo lo aguantábamos y lo fébamos con goyo.

Santiago Moncayola Suelves (1990)

Mucho antes de que el aragonés pudiera impartirse en la escuela de Ansó dentro del sistema educativo oficial de la comunidad autónoma de Aragón, a saber, desde el curso 2013-2014, hubo docentes que promovieron su estudio y su uso entre el alumnado de la población.

Ya en 1986, y como se dio a conocer en un estudio anterior (Benítez, 2010: 224), la maestra y escritora Luzía Dueso Lascorz, estando destinada en Ansó, decidió sustituir el tema del programa dedicado a Rosalía de Castro y a sus escritos en gallego por un comentario sobre un texto ansotano. Su alumnado le trajo un fragmento del citado guion escrito en este dialecto aragonés que solía leerse el Día de Exaltación del Traje Ansotano (Mendiara Gastón, 1986). Lo analizaron y Luzía Dueso envió el trabajo resultante al Instituto de Estudios Altoaragoneses.

Se ha señalado también que en esa misma época, y en relación con la enseñanza del aragonés y sus dialectos, en el curso 1989-1990 el Departamento de Cultura y Educación del Gobierno de Aragón subvencionó cursos coordinados por el Consello d'a Fabla Aragonesa en diferentes ayuntamientos del Alto Aragón, entre ellos Ansó. En concreto, la mencionada Ana Cristina Vicén impartió un curso para adultos en la localidad.

Por su parte, el citado Santiago Moncayola, que ejercía asimismo de maestro en Ansó, en el curso 1989-1990 realizó con el alumnado del ciclo medio de la escuela el trabajo *Recuerdos de l'onso Chorche*, que fue publicado en 1990 (Moncayola, 1990). La obra, además, se reeditó en 2006 en papel y en formato digital. Elaboraron el texto y las ilustraciones del proyecto Irene Romeo Navarro, Begoña Añaños López, Verónica Añaños Otal, Beatriz Barcos Aznárez, Samuel Gastón Romeo, Elvira Gil Mendiara, Katia Vanessa Gurría Laín, Esther Navarro López, Laura Safont Sánchez, María Pilar Gastón Puyó y Paula Gracia Pérez.

Bajo la forma de un cuento que narra la vida de un oso desde su nacimiento, se desarrollan diferentes contenidos curriculares, como los de Ciencias de la Naturaleza, al mismo tiempo que se promueve el aprendizaje del aragonés ansotano al emplearlo como lengua vehicular del texto escrito. El estudio, que constituye el primer libro publicado en este dialecto, incluye un glosario final monolingüe en aragonés. Se copian a continuación los textos de *Recuerdos de l'onso Chorche* (Moncayola, 1990) sin ilustraciones y sin los fragmentos referidos a ellas.

Recuerdos de l'onso Chorche

L'onso Chorche ye un masto d'onso pardo muito biello. No recuerda esautamén a edá suya, pero creye que tiene unos 35 años más u menos.

Ha estáu buscando de chentá todo o día y agora se troba descansando.

A fin d'o mes de diziembre Chorche ha entráu en una cueba pa iberná. Ha intentáu almazená saíno en o cuerpo pa pasá o ibierno, pero está muito biello y canso, y no sabe si podrá conseguí-lo.

Por o tozuelo suyo comienzan a pasá imagens d'a bida suya...

Recuerda Chorche como a mai suya l'eba contáu qu'eba conoxiu a o pai en un día d'o mes de chulio de muita caló en l'otro lau d'a búa d'os Pirineos, en Franzia...

Como él, Chorche eba naxiu a finals d'o mes d'enero en una polida espelunga natural por astí, por Linza. Pesaba, cuando naxió, 350 gramos y mediba 23 zentímetros.

A o lau suyo estaba a mai y os dos se trobaban comodamén baxo un leito de tasca y fuellas xutas. A mai li cudiaba, li laminaba y li arropaba con o peito zerrudo. Todo este tiempo Chorche s'alimentaba de leche que tetaba d'a mai suya.

Al plegá a primabera, a mai li teneba que abandoná pa salí a minchá. Chorche se trobaba muito solo y muito triste asta que a mamá tornaba y li daba a chenta.

«Con a plegada d'o güen orache, saliéi d'a espelunga y comenzéi a conoxé o mundo que me rodiaba chunto con mamá. Aprendiéi de mamá a forma d'alimentá-me desenterrando raízes y minchando plantas. Más tarde aprendiéi a cazá y pescá.

»A mayó parte d'o tiempo la dedico a chugá. Os chuegos míos son muito bariáus y demuestro unas grans cualidades d'ingenio y fantasía.

»En a sanmigalada ayudéi a mamá a cazá y a finals de diciembre entréi a iberná con ella. A la siguién primabera saliéi d'a onsera con quinze meses».

Alora Chorche ya pesa como 40 quilos. A mai suya ya no li fa muito causo, pues Chorche ya ye cuasi un mozo. No tardará muito en separá-se d'ella.

«Ya soi un onso gran y sé todo o que puedo minchá. Como a todos os onsos, o que más me gusta ye a miel. Además d'a miel, tiengo una dieta muito más bariada.

»Puedo minchá alimentos bexetals como as teflas; fongos como o rebichuelo, cascarrias, caperons y usons; zereals como o trigo, ordio u milloca; fruitos como a mazana, a pera, o zirgüello, l'arañón, os fruitos d'a cardonera y d'o chinebro, churlestres, chordons, magorías, fayetas, glans y lezinas.

»L'alimentazión carníbora se compone d'animals domésticos: corders, crabas, bacas, caballos... Puedo cazá tamién animals salbaches como chabalins chicos de asta dos arrobas y meya, algunos sarrios y corzos enfermos u ferius, topos, musarañas y radedors como a mincharra, o chorigué y o escrigüelo y aves como o gallo montesino y a paloma. Tamién pillo pezes, largandachos, ranas, caracols y formigas. Anque prefiero a carne fresca, cuando a fambre m'afoga puedo minchá tamién carnuzo [...].

»Me fa goyo bibí en selbas en do l'ombre no plega nunca, más alto de os mil metros, con pinos, fayos, chaparros, carrascas y abetochas. Zerca d'a selva ye menisté que bi'ste sabucos, cardoneras, taxos, abillaneras... Tamién bi'stará moscallons, chordons, barzas, bisaruelo, escrebizo y magorías.

»Pa ibierná busco espelungas naturals sobre os mil zincozientos metros d'altura, de cara t'o meidía, en puestos do siga difízil plegá. Algunas bezes, si fa güen orache, puedo salí a dá un paseo y a tomá o sol. Suelo ibierná de meyos de diziembre ta meyos de marzo.

»A metá de chunio he saliu a buscá una fembra choben. Cuando la trobéi dizidiéi creyá una nueba familia. Todos os años, d'agora enta debán, por esta época la buscaré pa creyá nueba familia. Algún año me tocará luchá con algún otro masto pa conseguí-la».

O preñáu durará siete u ocho meses. A fembra s'ocupará d'os naxius. O número de crías parixe está influida por a edá d'a madre. As chobens, de zinco a siete años, tendrían una sola cría; as maduras, dos u tres; y, as biellas, solo una u dos. As fembras libran cada dos años.

«As chens que tratan d'ayudá-nos u estudiá-nos siguen os rastros en o bardo, en a ñeu u en as siñals que dexamos en os arbols. Oi quedamos pocos onsos en a Europa Ozidental [...]. En España, en os mons cántabros y en os Pirineos. En Franzia, en os Pirineos. En Italia, en os Alpes.

»En os libros me trobarez en fichas como esta:

»ONSO PARDO (*Ursus arctos*)

»Clase: mamíferos.

»Orden: carníboros.

»Familia: úrsidos.

»Peso: 80-300 kg.

»Largaria total: 1,70-2 m (Pirineos).

»Altaria en os armos: 90-100 zm.

»Soi un plantígrado, ye dezí, ando con as plantas d'os piez. Tiengo una forma más bien pesada y as garras curtas, tozuelo gran, güellos chicos, orellas curtas y redondas, y coló entre negro y pardo.

»Cuasi emos desaparexiu. Desde fa tiempo nos han encorriu y cazáu... Con goyo puedo dezí que agora l'ombre nos protexe pa que no rematemos desaparexiendo.

»BELS TOPÓNIMOS D'O ALTO ARAGÓN EN DO AMANIXE O MÍO NOMBRE

»Ansó (Sierra Alano): Cueba l'Onso.

»Ansó (Achar de Zuriza): Paso l'Onso.

»Ansó (Plana Diego, Linza): Paso l'Onso.

»Echo: Cueba de l'Onset.

»Bellanuga (Collarada): Canal de l'Onso.

»Acumuer: Cueba de l'Onso.

»Aso Sobremón: Fuen de l'Onso.

»Biescas: Paso l'Onso.

»Sallén (Respomuso): Paso l'Onso.

»Oz (Ibón de Sabocos): Paso l'Onso.
»Yésero (Barranco de l'Infierno): Portillo l'Onso.
»Torla (Mondarruego): A Fabeta l'Onso.
»Tella (güega Sin-Tella): Faixón de l'Onso.
»Benás (Portillón): Paso de l'Onso.
»Santa María y A Peña: Cueba de l'Onso.
»San Chulián de Banzo: San Martín d'a Bal d'Onsera.
»Peña Montañesa: Paso de l'Onso.
»Rodellar: Fuen de l'Onso.
»Como podez beyé, a toponimia nos amuestra que l'onso ye un animal que ha dau nombre a muitos puestos en l'Alto Aragón en os que i bibiba, pero do más testimonios en bi'stá ye en a bal d'Ansó.
»Nota. Replega feita por Enrique Satué Oliván y publicata en *Cuaderno de Educación* de *El Día* o 20 de marzo de 1990».

Silvia Gastón Romeo, Lucía Gastón Romeo, Óscar Hervás Hernández y María Carmen Barcos Aznárez (1992)

También en el citado curso 1989-1990, el Centro de Recursos Río Aragón de Puente la Reina convocó para los centros escolares de su ámbito el I Concurso Literario, al que se presentaron textos en castellano y en aragonés. Tres alumnas y un alumno del Colegio Público Virgen de Puyeta de Ansó participaron en él con narraciones en ansotano, si bien bastante castellanizado. Fueron las hermanas Silvia y Lucía Gastón Romeo, que escribieron, respectivamente, «Moro» y «Una noche de sanmiguelada»; Óscar Hervás Hernández, que redactó «O frajenco», y María Carmen Barcos Aznárez, autora de «L'onso y os pastós».

Los cuatro textos, que cuentan historias protagonizadas por pastores y animales, fueron publicados en 1992 en la obra colectiva *Algunas historias del viejo Aragón = Bellas falordias d'o biello Aragón*, de la que los copiamos (Silvia Gastón Romeo, 1992; Lucía Gastón Romeo, 1992; Hervás, 1992; Barcos Aznárez, 1992).

Moro

O ofizio mío ye pastó, y creo que o que un buen pastó tiene que tené ye un buen perro.

O que boi a contá ye una istoria que me pasó fa muito tiempo, en a que o personaje prinzipal fue o perro mío.

Yo me'n puyaba tos os días t'a paridera a dá de comé a as obellas y a sacá-las a comé ta o mon. Entonzes teneba un perro que se clamaba Moro. Yo teneba a mi perro como una cosa cualquiera y le arreaba cada sobo que lo fundiba.

En as últimas semanas en faltaban obellas. Al prinzipio no se notaban as que faltaban, pero poco a poco se fue notando que faltaban muitas. Pensé que o perro, como no baleba pa cosa, teneba a culpa y que cuando as eba sacáu ta o mon se las eba dejáu perdé. Así que pensé que, como ixe perro no baleba pa cosa, eba que matá-lo y comprá otro. Ixe día, como ya yera de noches, lo dejé allí.

Al día siguiente puyé, como tos os días, y me trobé a Moro herido de un tiro en una pata. Entonzes corrié ta dentro. No faltaba ni una obella. Entonzes me die cuenta de o buen perro que yera y que eba defendiu o ganáu d'os ladrons arriesgando a bida suya. Le curé a pata y tenié ixe perro asta que se murió de biejo.

En muitas ocasions os perros pastós son mejós que muitos ombres.

Una noche de sanmiguelada

Pa a sanmiguelada os rebaños bajan de os puertos ta os mons más bajos porque ye cuando rebuelbe o tiempo.

En una de ixas noches tan malas bi'staba un pastó en a caseta. Oyó que o ganáu se mobeba, pilló o candil pa bie qué yera y bio unos güellos que yeran de un onso grande. Intentó sujetá-los, pero o ganáu se l'esmanteló. Se le fizieron tres u cuatro rebaños. Con as gritazeras de o pastó y os ruius de ladrá os perros, l'onso se'n fue d'allí.

Fue a noche más mala que pasó ixe pastó. Abeba estáu zerca de l'onso. Antis de fé-se de día bio como l'eban matáu muitas obellas. Ixo lo tenió siempre en a memoria y lo deziba muitas bezes.

O frajenco

Un día mi tío fue t'a paridera y se trobó dentro un raboso muito furo. Lo mató y lo puyó t'a falsa. Dimpués puyó alfalze de o coche. Al raté puyó o ganáu ta puerto. Oyeba un ruiu por as matas, pero se escondió detrás de una peña. No en bi'staba cosa y siguió caminando. Cuando plegó t'a fuen, o perro no aparexeba por ningún lau. Lo clamó y o perro saliba de os artos continuamente asta que plegoron t'a paquiza, donde yera su padre con as otras bacas. Dexó as bacas allí y fue a almorzá cuando o perro empezó a ladrá como un atarantáu ta os buxos. Al raté un frajenco saliba de as matas y o perro enganchó a o frajenco y se lo llebó a mi tío. Dimpués una xabalina saliba d'os buxos y embistió a mi tío. Cuando soltó mi tío a o frajenco y se salió a una peña, mi tío le dio a la xabalina con una bara en o costáu drecho. Un inte dimpués a xabalina se fue por a paquiza t'a Selba d'Oza por os mons d'Ansó. Ixe día mi tío dijo: «No pas a los frajencos».

Cuando baxó ta o lugá y lo contó, a chen d'Ansó se le rieban muito.

L'onso y os pastós

Fa muitos años en o puerto de Guarrinza se trobaban unos pastós cuidando obellas y cordés.

Una noche, sobre o 20 de setiembre, bispra d'a fiesta d'Ansó, cayó una ñebada de meyo metro, y os pastós y os ganáus tenioron que acudí a refugiá-sen enta una casa de mon clamada A Mina.

En ixa noche tan oscura l'onso benió d'a parte de Franzia y en o mismo refugio d'A Mina atacó 11 cordés y obellas.

Espantáus os pastós, y sabiendo que fuiba d'o fuego, estieron toda a noche con tiedas enzendidas asta que l'onso fuyó, tornando t'a guarida de Franzia, sin fé-les cosa a os pastós.

Tamién, por as mismas fechas ocurrió otro feito en un mon clamáu A Rinconada d'os Chitanos.

Un día faltoron 150 obellas, que yeran guardadas por un pastó de 65 años que se clamaba José María Vilches. Dito pastó, al bié que faltoron tantas obellas, fue a buscá-las y, en un paso que bi'stá d'os Chitanos a la Faxa d'os Anollos (mon), un paso en do solo cabe una persona, se troboron o pastó, que puyaba, y un onso que baxaba a punto de dar-sen a mano. Tal fue o espanto que se llebó o pastó que o sombrero e o cachirulo se le cayeron ta o suelo.

L'onso pasó de largo sin fé-le cosa, anque se le quedó mirando. Después o pastó siguió o camino y trobó as obellas bibas, pero espantadas.

Ha bi'stáu otras bezes que l'onso ha plegáu enta unos 4 km d'Ansó y ha matáu obellas, pero a la chen nunca l'ha feito cosa.

Joaquín Bejarano López (1993, 1994 y 1995)

La publicación en 1993 de una nueva revista en Ansó, *A Gorgocha*, en su primera etapa, de vida también efímera, fue un estímulo y un nuevo cauce para la escritura en ansotano. Además del citado artículo de Miguel Ánchel Barcos, destacan las primeras colaboraciones realizadas allí por Joaquín Bejarano López, alias *Puchó*, que se dedicó a la profesión militar. La titulada «Qué os parixe» narra su encuentro con la revista y habla de su intención de escribir en ella en ansotano para que las generaciones jóvenes conozcan esta habla (Puchó [Joaquín Bejarano], 1993a). Fiel a ese propósito, realizó dos contribuciones que tituló «O rincón» y en las que hay interesantes apreciaciones lingüísticas y sociolingüísticas sobre el aragonés y el ansotano, como puede comprobarse (Puchó [Joaquín Bejarano], 1993b y 1993c).

Se transcriben seguidamente los tres artículos de Joaquín Bejarano publicados en *A Gorgocha* (Puchó [Joaquín Bejarano], 1993a, 1993b y 1993c).

Qué os parixe

Como cada añada, y antis de que plegue a primavera, con a mullé y sin os fillos me doy una güelta por o lugá. Pleguéy y no trobéy xen[24] por as carreras. Ixo sí, cuando se fa tusco, algunos hombres acuden t'os bars. O cantón de Puchó estaba feito una xeladera.[25] Pa puyá t'o barrio Alto teniéy que caminá a monico, acarrazando-me en as peñas d'o muro d'o paseo pa no esliná-me y dá-me un caputazo.

Una mañana, dispués de tresminá o vino pa que no se ficiera pitarra, a ixo de mey día me'n puyéy t'as Eras Altas. Entréy t'o cine. Me fició muito goyo vié meya docena de ninas que, fendo muito causo, aguardaban fé o mismo que Sergio pa que las escuitaran en casa. ¡Mocé, si os viellos levantaran a cabeza, dirían que yera cosa de bruxas!

Me refiroló trobá unas fuellas de papel que teneban o nombre d'*A Gorgocha* y deciban cosas d'o lugá. Preguntéy quí yera o capitoste de ixo. Me dicioron que o Sergio. Penséy que un forasté que faya ixas cosas ye d'agradecé. Así que no tiengo más que decí: «¡*Chapeau*, Sergio!». O que fa falta ye que trobes amparo en as autoridás locals o provincials pa que a cosa vaya ta deván.

Al í-me-ne t'a casa pleguéy t'a lonxeta.[26] Saliba o cura. Mosen Dámaso, con un trapo en a mano dreita, se moveba como una formiga, pos acababa de espolsá os polvos d'unos bancos. Me fició entrá t'a iglesia pa enseñáme cómo unos pintós remociaban o techo y as parés. Muito me gustó. Agora parixe nueva.

Os días que estiéy en o lugá (no yera a Semana de os Tres Barbudos) yeran crudos. De noche, dicen que xelaba a Campana María. Pos ya se sabe: «Cuando o día crexe, o frío naxe». Y, como a primavera ya ha veniu, más de un trancazo ha traiu.

Cuando pilléy l'auto pa í-m-ne, as vecinas feban una buxada en a carrera. Como agora no pasa ni pon de hacienda, no vi'stá fiemo pa replegá como antis y luego llevá-lo t'o güerto.

Escribo estos renglons no por pentecuch. Ye menisté que ixas ninas, que viey con muito afán, conoxcan cómo fablaban os agüelos.

O rincón

En os mons d'Ansó vi'stá rastro dejáu por tribus desde fa unos 10 000 a 15 000 años. Ye a segunda d'as edades prehistóricas, o sea, cuando compieza a pulimentá-se as peñas. Ixo lo confirma[n] os dólmenes y construccions neolíticas de Guarrinza.

En muitos años o vasco se charra en todos os lugás d'os Pirineos. Teneban por religión o druismo. O cura (druida) feba os oficios en o mon. Vi'staba sacrificios humanos. Ixos ritos se ficieron durante siglos. En Ansó, hasta fa algunos años, cuando una persona les parixeba que teneba algún maleficio, la pasaban por un chaparro que, estando agún dreito, estaba ralláu por una centella.

Fa más de mil años o vasco tenió búa con o latín. Monico a monico dejó paso hasta plegá a fabla aragonesa. Más tarde plegó o castellano.

O rincón

A manera d'escribí o ansotano, si vi'stá alguno/na que lo fa, verez que ye distinto. Nunca ha vi'stáu unas normas pa escribí-lo. Por tanto, cada uno puede tené legalmente su propio parixé.

Una fabla ye muito más que un montón de palabras. Ye a manera de pensá d'as xens, que va quedando marcada al pasá os tiempos en romances, refrans, expresions y tradicions.

O que nusotros conoxemos son os remenches d'a fabla que valió de transición t'a implantación d'o que agora charramos.

El autor continuó ese mismo año de 1993 y los siguientes, 1994 y 1995, cultivando la escritura en ansotano en otra publicación periódica,

Jacetania. Sus cinco colaboraciones en esta revista llevan por título «Ansó» y, salvo la primera en el tiempo, constan del artículo propiamente dicho y un vocabulario formado por palabras usadas en el texto. La defensa del patrimonio cultural y lingüístico aragonés y ansotano es el principal tema de estos escritos, que, como los publicados en *A Gorgocha*, contienen observaciones sociolingüísticas de gran valor.

Se reproducen a continuación las cinco contribuciones de Joaquín Bejarano editadas en *Jacetania* (Puchó [Joaquín Bejarano], 1993d, 1994a, 1994b, 1994c y 1995).

Ansó

Con a plegada d'os moros l'añada 714 t'a val d'Ebro, se formó, entre otros condáus, o d'Aragón. Tenioron de capistote a o conde Aznar Galíndez. Dispués d'un tiempo, a xen y as tierras pasoron de dependé d'o de Navarra, que ya se habeba feito Reino. D'esta manera, se teneba o amparo, que yera menisté, contra ixos moros y os francos que gobernaban.

En a val de Veral vi'staba algunas pardinas (yeran d'os monjes), asina como lugares (Usarna, Araguás, Cubilarrola, Orná, Zaburria, Cenar, etc.) y tamién ermitas. L'añada 926, cuando se teneba como rey a García Sánchez (925-970), compezoron a fé casas alrededó d'una ermita. Asina naxó Ansó.

A palabra *Ansó* s'a visto escrita de distintas maneras: *Ansso, Anço, Anxo, Anzo, Ansone,* etcétera. O primer nombre pudo sé *Anzon* u *Andó*. O que sí ye seguro ye que siempre compieza por *An-,* asina que puede vení de vocablos celtas, en que AN quiere decí 'soplá, resoplá, resollá'. Si ye *Ando,* parixe que ye una palabra íbero-vasca. Significa 'en o más alto' (precisamente, en d'estaba a ermita).

Tamién e oiu que Ansó puede queré decí 'axuntamiento[27] de xen'. Otros han dito que Ansó, a lo mejó, viene de ONSO 'oso', pues ya sabez qu'en puerto a ormino se'n veye alguno.

Como verez, a palabra *Ansó* sigue fusca. A vié si vi'stá alguno/na entre vusotros/as que nos saque d'apuros.

Ansó

En Ansó os xovens[28] d'antis charrábamos en ansotano y tenébamos unos xuegos[29] que yeran verdadés bordescadas. Agora ixa cultura populá s'a quedáu tan enta zaga que podemos decí que s'a perdiu.

Yo, como vivo fuera d'o lugá, cuando alufro que sueltan alguna palabra d'a fabla, me fa goyo y denteras al mesmo tiempo. Vet aquí que un

domingo, a ixo de mey día, en a 3.ᵃ cadena d'a TV francesa charraban d'a
fabla aragonesa. Viey a unos xovens d'o Consello d'a Fabla, a otros de
Radio Uesca y tamién a un tal Fernando d'o Ligallo de Fabla[n]s.

Ixo d'o Ligallo me parixó bien, pos cada val d'o cobalto d'Aragón cha-
rraba diferente, como si fueran ligallos sueltos. Ye menisté xuntá todos os
ligallos y con o fuso de torcé fé una güena trena.

Ya sabez que Jaca (*Iacca* romana) desde fa muitos siglos ye a capital de
nusotros. Primero fue o conde Aznar Galíndez, que teneba allí o asenta-
miento, cuando se fició o Condáu d'Aragón; después Ramiro I (1035-1063),
consideráu o primé rey aragonés, la fició sede d'o Reino; y agora ye d'a
comarca.

Creo que allí nos darán o amparo que sea menisté, pos tienen un güen
Centro de Iniciativa y Turismo que cada tres meses sacan ent'a carrera o
boletín clamáu *Jacetania*, y todos estamos convidáus a decí nuestro parixé.
Os chesos tienen güena empreñadura, pos D. Domingo Miral l'añada
1903 les dexó escrita ixa comedia que le metió o nombre de *Qui bien fa
nunca lo pierde*.

O Estatuto d'Autonomía d'Aragón señala que «las diversas modalida-
des lingüísticas de Aragón gozarán de protección, como elementos de su
patrimonio cultural e histórico». Pos, a pesá de ixa facilidá, s'a feito meaja
d'os ligallos.

Otros han siu más agudos. Me refiero a os riberanos buantes con Ca-
taluña, ya que fa unas añadas 16 alcaldes se xuntoron en Mequinenza (Za-
ragoza) y firmoron una acordanza en defensa d'o catalán, que ye a luenga
que charran por ixas tierras. Se comprometieron a rotulá de manera bi-
lingüe as carreras, plazas y plazoletas de sus lugás, y a fé públicos os bandos
d'os ayuntamientos en castellano y en catalán, asina como a enseñá a se-
gunda lengua. Por ixo en o curso 1991-92 2693 mocés de 21 municipios
recibioron clases en catalán de manera voluntaria. Todo contó con o
apoyo d'a Consejería de Cultura de Aragón.

Dito esto, tenemos que esmaxiná-nos en í replegando ixa riqueza
cultural que está arranconada y dexá-la escrita en a manera que cha-
rraban os viellos d'antis más. Asina se la trobará a faramalla que viene
empuxando.

Ansó

Parixe que monico a monico se va tomando conzenzia d'a fabla ara-
gonesa, pos ye buscá os tarrancos de nusotros.

A Consejería de Educación y Cultura de a DGA, con fecha 2 de di-
ciembre de l'año pasáu, dio una nota en a que deciba que teneba inten-
zión de seguí enseñando o aragonés en os lugás d'o cobalto.

Tamién, o día 18 de febrero pasáu, y en a sede d'o Consello d'a Fabla Aragonesa en Uesca, se xuntoron algunos representantes de grupos que treballan con o mesmo fin (a fabla).

Os días 19 y 20 d'o mes de marzo d'este año, en Viella (val d'Arán), se celebró o primer simposio sobre hablas pirinaicas. Participoron más de 40 expertos venius d'Aragón, Navarra, Cataluña, País Vasco y de Toulouse (de l'otro lau d'a búa). Ixe encuentro fue organizáu por o Instituto d'Estudios Ilerdenses, a Universidá de Lleida y o Consell General de la Vall d'Arán.

Como se puede vié, a cosa está callén. A poco que nos esmaxinemos, saldremos ta deván.

Creo que os más entendius, que amás están caláus por ixas salas, podeban sacá un papel o periódico pa podé escribí en as diferentes maneras que vi'stá. Parixerá a Torre de Babel, pero ye a realidá nuestra.

Os ligallos siguen estando. Por ixo ye muito defícil que a xen d'os lugás d'os mons entendamos o que charran y escriben as d'a Ribera, pero ye bien seguro que todos xuntos formamos parte d'o patrimonio cultural e histórico d'Aragón.

Ansó

Ansó cada vez aparixe menos en os papels. Muita culpa la tenemos nusotros. Parixe que hemos perdiu ixe orgullo que teneban os ganadés y pastós d'antis cuando paseaban o calzón por a Ribera. Y también aquellas mullés que vistiendo a basquiña, y con unos cuantos sacutos de linzuelo plenos de té de peña, iban a vendé-lo por os lugás grandes.

Podemos presumí que, cuando o día 13 de julio de cada año se celebra o Tributo d'as Tres Vacas en a muga de San Martín, se fa siguiendo o sentencio que fició o alcalde d'Ansó l'año 1375. Que tenemos muito término comunal con güenos puertos de pastos, mons con fayos, abetes, pinos, chaparros, fagarras, buxaqueras, tremolins, etc., espelungas y cinglas en do encadan os xabalins y l'onso, asina como foráus y rallas en do fan os nidos os güitres, alforrochos y toda clase de paxaricos. Tamién tenemos un Veral con truchas, barbos y chipetas; barrancos con ranas, zapos y zapillons; mons con ñeu pa podé fé o esquí de fondo; una residencia pa viellos/as, hotel naturista, hostals, bars, camping, piscinas, etc.; panaderías y tiendas en do se puede comprá u amprá no solo o recáu pa cada xornada,[30] que ye menisté, sino que muitas cosas más.

No fa falta decí que, amás d'ayuntamiento, vi'stá dos albeitas, boticario, maestros, alcalde, cura-retó, juez de paz, cevils, forestals, cajas d'ahorro en do pues calá os dinés que tiengas escusáus, taxi, auto de línea, serrería, oficina de telégrafos —seguro que ye o lugá más chico d'España que tiene ixe servicio—, correos y un museo etnológico. Fue inauguráu en o mes de julio de 1974 y que [sic] ye obra d'o retó D. Dámaso Lapetra, que, con muito treballo y pazenzia d'unas añadas, tenió o tino de í replegando fuego por fuego todos os trastes y cacharros que vieba y que estaban esperdigáus sin que nusotros les diéramos ningún való. Gracias a él, los fue xuntando; si no, agora estarían perdius o malmetius, siendo un verdadé tesoro. D'esta manera fició dito museo, que ye amiración d'os visitantes y orgullo d'o lugá. Allí se puede vié cuasi toda a historia d'a val.

Si nusotros no damos a conoxé mejó Ansó pa que acuda xen con cauquerré, poco feremos. Os forastés poco s'esmaxinarán si no se troban a placé. Todos tienen que sabé que este lugá clamáu Ansó ye muito antiguo, está bien remozáu y tiene o título de novilísimo valle y fidelísima villa.

Ansó

D'a xen que viviba en Ansó y en todos os lugás chicos y apartáus no vi'stá cultura escrita. Solo podemos decí que tenemos refrans, comparanzas, espresions, endivinanzas, etc. Todo ixo se trasmitiva de generación ta generación. Yera corrién que en as casas en vi'stiera tres (agüelos, padres y fillos).

Vi'staba algunas personas que aparixeban retratadas en as comparanzas.

Todo o que se contaba se soleba fé en os fogarils. Os agüelos se posaban en o mejó racón, y os demás, en a cadiera u acofláus en suelo. Aquellos agüelos sabeban muito, pos desde borzagues habeban compezáu de repatans con o bacibo y de xovens tenioron que í de soldáus por ixos mundos ta deván.

Ya sabez que os tiempos en que a cultura no yera escrita son os más largos, pos yera normal que a xen no sabiera de letras. O mesmo rey Jaime no en sabeba. Por ixo tamién vi'staba muitos que yeran agudos y cultos. Aunque en Ansó parixe sé que a finals d'o siglo XVII ya vi'staba una escuela en do se podeba í p'aprendé a leé y a'scribí, yeran pocos os ninos que acudiban. Vi'staba más catibada que teneban que í a treballá.

Os refrans, comparanzas, etc., se seguiban contando tamién en os carasols. Cuando plegó ixe invento clamáu televisión, se compezó a dexá ixa güena costumbre. Agora no escuitas zarrapita. Hemos iu perdiendo ixa cultura que tantos siglos duró no dando-le o való a o que tanto en tiene.

¿Qué pensaría aquella xen que, sin habé iu t'a escuela, teneban tan güenos valós morals que les valeba[n] d'urbanidá pa podé salí con a fren bien alta t'otros lugás? Tenemos que esmaxiná-nos pa que no se pierda de todo ixa gran cultura y conocé muitó mejó o sabé d'as xens d'antis más.

En este último artículo sobre la cultura y la literatura oral, Joaquín Bejarano incluyó, junto al vocabulario del texto, otro apartado titulado «Espresions, refrans». En él recoge un chascarrillo en forma de paremia, [*Cásate, Perico*], y los refranes [*Si quies matá o xabalín*], [*Pa Todos os Santos*], [*Pa San Martín*], [*Pa Santo Tomás*] y [*Pa San Andrés*], que se copian a continuación (Puchó [Joaquín Bejarano], 1995).

[*Cásate, Perico*]

Cásate, Perico, en domingo, que o lunes estarás casáu y o martes sabrás en dó dan ampráu.

[*Si quies matá o xabalín*]

Si quies matá o xabalín, antis d'alba tienes que salí.

[*Pa Todos os Santos*]

Pa Todos os Santos, a ñeu en os altos.

[*Pa San Martín*]

Pa San Martín, a ñeu la veyes vení.

[*Pa Santo Tomás*]

Pa Santo Tomás, a ñeu la veyez plegá.

[*Pa San Andrés*]

Pa San Andrés, a ñeu en os pies.

Nicolas Quint (1992-1993)

En la década de los noventa del siglo XX, además del citado Joaquín Bejarano, diferentes personas continuaron interesándose y recopilando por escrito textos de tradición oral. Una de ellas fue Nicolas Quint, director de investigación de Linguística Africana en el laboratorio Langage, Langues et Cultures d'Afrique (LLACAN) del Centre National de la Recherche Scientifique de Francia, que incluyó en su mencionada *mémoire de maîtrise* sobre la morfología verbal del ansotano un buen número de «Jotas en ansotano» (Quint, 1992-1993: 48). Le fueron facilitadas por la mencionada Josefina Mendiara y por las hermanas María y Matea Puyó Mendiara y son las siguientes: [*Yo prefiero o día, madre*], [*Entre Viniés, Hecho y Garde*], dos versiones de [*Adiós, paco d'Ezpelá*] y una de [*Adiós, Ansó de mi vida*], [*Tanto puyá y bajá*], [*A mí no me engañas, nino*], [*En o pie, una cruz divina*], [*Catorce camisas tiengo*], una variante de [*Sale o sol por a Reclusa*], [*Aunque metan a Canal*], dos versiones de [*Aunque me digas que no*] y de [*Ent'a cueva más oscura*], [*Desde aquí veo o Vedáu*], [*A Virgen de Pilar dice*], una variante de [*Virgen santa de Puyeta*], [*No te enfades muyto, nina*], [*Si en a carrera un día te trobo*], [*Ansó ye orgullo de España*] y [*Con esta y no canto más*]. Todas ellas se reproducen a continuación (Quint, 1992-1993: 48).

[*Yo prefiero o día, madre*]

Yo prefiero o día, madre,
y, de o día, as mañanas,
que ye cuando puedo viyé
as mozas ansotanas.

[*Entre Viniés, Hecho y Garde*]

Entre Viniés, Hecho y Garde,
Fago, Huértalo y Majones,
está a villa de Ansó,
ladrona de corazones.

137

[*Adiós, paco de Ezpelá*]

Adiós, paco de Ezpelá,
polidas eslinaderas;
adiós, mozetas de Ansó,
que me'n voy ent'a Ribera.

[*Adiós, paco de Ezpelá*]

Adiós, paco de Ezpelá,
polidas eslinaderas;
as mozas se van ta Francia
y os mozos ent'a Ribera.

[*Adiós, Ansó de mi vida*]

Adiós, Ansó de mi vida,
as espaldas te voy dando.
No sé quí se queda entro.
Mi corazón va plorando.

[*Tanto puyá y bajá*]

Tanto puyá y bajá
a carrera a ferrería,
ya te decibay yo
que yo pa tú no seríay.

[*A mí no me engañas, nino*]

A mí no me engañas, nino,
que tú no vienes por mí,
que vienes pa que te dejen
calá-te en o fogaril.

[*En o pie, una cruz divina*]

En o pie, una cruz divina.
Plorando m'arrodilléy,

pidiéy perdón d'as culpas
y a no olvidá-te juréy.

[*Catorce camisas tiengo*]

Catorce camisas tiengo,
y quince con a delgada;
a que se case con mí
ya tiene güena colada.

[*Sale o sol por a Reclusa*]

Sale o sol por a Reclusa,
resplandece en Maidoguí
y da a güelta por Alano
pa escondé-se en Zordoquí.

[*Aunque metan a Canal*]

Aunque metan a Canal
plena de caballerías,
tiengo que puyá a vié-te,
ansotana de mi vida,
tiengo que puyá a vié-te,
aunque me cueste a vida.

[*Aunque me digas que no*]

Aunque me digas que no,
yo una mica te querré
porque en do a vi'stáu fuego
siempre queda o rescoldé.

[*Aunque me digas que no*]

Aunque me digas que no,
yo enta a puerta siempre acudo,
que nunca falta limosna
pa o pobre que ye importuno.

[*Ent'a cueva más oscura*]

Ent'a cueva más oscura
que vi'stá en o mon de Ansó,
me'n tiengo que yí a viví
como me digas que no.

[*T'a espelunga más escura*]

T'a espelunga más escura
de tos os mons d'Ansó,
me'n tiengo que yí a viví
si tú me dices que no.

[*Desde aquí veo o Vedáu*]

Desde aquí veo o Vedáu,
a Forquiello y a Paquiello,
y tamién a Romendía
con as casetas de Alberro.

[*A Virgen de Pilar dice*]

A Virgen de Pilar dice
que en Ansó tiene una hermana
que ye tan Virgen como ella
y que Puyeta se clama.

[*Virgen santa de Puyeta*]

Virgen santa de Puyeta,
que estaz en ixe lomero,
casa as mozas de Fago,
pero as de Ansó primero.

[*No te enfades muyto, nina*]

No te enfades muyto, nina,
si puyo por a ventana;

ya me en tornaré a bajá
cuando a mí me dé la gana.

[*Si en a carrera un día te trobo*]

Si en a carrera un día te trobo,
no te ocurra pasá sin fablá-me.
Ye tan grande o amó que te tiengo
que a vida podría costá-me.

[*Ansó ye orgullo de España*]

Ansó ye orgullo de España
y solera de Aragón,
a perla d'o Pirineo,
y anida n'o corazón.

[*Con esta y no canto más*]

Con esta y no canto más;
con esta y dublo os papels;
y con esta me despido
de hombres, críos y mullés.

José Damián Dieste Arbués (1994)

Por su parte, José Damián Dieste Arbués, escritor y autor de varias obras de interés etnográfico, en su recopilación de *Refranes ganaderos altoaragoneses*, publicada en 1994, incluyó un buen número de textos de tradición oral procedentes de Ansó y Fago (Dieste, 1994). Algunos están en castellano o se hallan muy castellanizados. Otros, aunque presentan rasgos aragoneses, no siempre se corresponden con los que son característicos del dialecto ansotano.

En este sentido, el refrán [*Una, dos y tres*], recogido en Ansó, es coincidente con el castellano, como puede comprobarse en la transcripción que se realiza a continuación (Dieste, 1994: 44).

[*Una, dos y tres*]

Una, dos y tres, ropa de montañés.

Por otro lado, se hallan muy castellanizados los siguientes refranes: [*Febrerín, febrerón*], texto dialogado de Ansó; [*¿Qué cosa es gloria?*] y [*¿Qué ye infierno?*], dos versiones diferentes de los registrados por Joaquín Costa y el Estudio de Filología de Aragón, la primera procedente de Botaya, pero perteneciente a la cultura pastoril ansotana, y la segunda, una variante acortada de la anterior, de Ansó; [*Pa San Matías*], [*En llegando al veinte de febrero*] y [*En llegando a marzo*], tres versiones de un mismo refrán, las dos primeras recogidas en Ansó y la tercera en Fago; [*Cuando llueva en abril*] y [*El pastó que duerme en enero*], provenientes de Ansó, y [*Cordero de bal de Badina*], [*Corderos de Mascariello*], [*Llegando febrero*] y [*¡Güen año, ganaderos!*], de Fago. Asimismo, se halla castellanizada y con soluciones ajenas o poco frecuentes en ansotano la adivinanza dialogada [*Buenos días, Filandresa*], documentada en Fago. Se reproducen a continuación los textos citados en este párrafo (Dieste, 1994: 28, 50, 51, 56, 57, 58, 59, 64, 65 y 118).

[*Febrerín, febrerón*]

—Febrerín, febrerón, tú te quedas, yo me'n voy; ahora mis cordericos tienen dos dedos de cornichons…

—¡Calla, calla, que ya me vendrá mi primo marzo, que, con dos días que me queda[n] y uno que me dejará mi primo marzo, no te quedará ni negro ni blanco.

[*¿Qué cosa es gloria?*]

¿Qué cosa es gloria? ¡Estar en Aguas Tuertas sin boira! ¿Qué cosa es infierno? ¡Estar n'o monte d'Agüero en invierno!

[*¿Qué ye infierno?*]

¿Qué ye infierno? ¡Estar en Aguas Tuertas en invierno!

[*Pa San Matías*]

Pa San Matías le dijo la oveja al pastor: «Saca-me de las umbrías a la labor».

[*En llegando al veinte de febrero*]

En llegando al veinte de febrero, le dijo la oveja al pastor: «¡Saca-me de la monteriza y lleva-me por campos y campiñas, que, si el cordero se muere, no será culpa mía!».

[*En llegando a marzo*]

En llegando a marzo, le dice la oveja al pastor: «Quita-me de los aspros y echa-me a la labor».

[*Cuando llueva en abril*]

Cuando llueva en abril, de cada gota en vengan mil; cuando llueva en mayo, de cada gota, un capazo.

[*El pastó que duerme en enero*]

El pastó que duerme en enero despierta en mayo.

[*Cordero de bal de Badina*]

Cordero de bal de Badina, corto de pierna y ancho de barriga.

[*Corderos de Mascariello*]

Corderos de Mascariello, anchos de barriga y curtos de cuello.

[*Llegando febrero*]

Llegando febrero, hace primavera el bacibero, y en llegando marzo, l'ovejero.

[*¡Güen año, ganaderos!*]

¡Güen año, ganaderos, os corderos quieren entrar por donde salieron! ¡Mal año, ganaderos, son curticos de talla y anchicos de barriga!

[*Buenos días, Filandresa*]

—¡Buenos días, Filandresa!
—¡Bienvenido, Juan de la Vara Tiesa!
—¿Quieres que entre lo mío cerrudo en lo tuyo peláu?
—¡Sí, que entre, pero con cuidiáu!

Hay, sin embargo, otros textos recopilados por Dieste en Ansó y Fago que tienen un mayor interés lingüístico en relación con el aragonés de aquel valle. De Ansó son, por un lado, los refranes que se citan a continuación: [*No digas corderé*]; [¿*Qué ye gloria?*], recogido en Hecho pero atribuido a los pastores de Ansó y con más rasgos ansotanos que las versiones mencionadas de Costa, el Estudio de Filología de Aragón y el propio Dieste; [*Pa Todos Santos*]; [*En febrero prepara*]; [*En febrero fa*], una versión lingüísticamente más ansotana que la citada [*Llegando febrero*]; [*O día de Todos Santos*], y [*Astanés*]. A estas paremias han de unirse otros textos de tradición oral también procedentes de Ansó, a saber: la retahíla [*El sábado baxa*]; la frase final del cuento [*Las dos ansotanas casadas*]; la anécdota [¡*Pascuuuuuuualll!*], inserta en el «Cuento de los pastores malintencionados», que no se reproduce íntegramente porque registra soluciones que no se corresponden con el ansotano;[31] las adivinanzas [*Cuatro perneras*] y [*Una güeleta*], y las coplas [*Las campanas de la Ribera*] —que incluye el ya nombrado dicho [*Montañés, caga dinés*]—, [*As mozas se'n van ta Francia*] —una variante de [*Adiós, paco d'Ezpelá*]— y [*Si a peña de Celún*] —versión de la recogida por Juan Francisco Aznárez y respuesta a la de Fago [*Si la peña Ezcaurri*]—. Se copian tales textos bajo estas líneas (Dieste, 1994: 28, 44, 51, 56, 57, 63, 64, 102, 106, 116, 119, 129 y 130).

[*No digas corderé*]

No digas corderé mientras no pase mariu y mullé.

[¿*Qué ye gloria?*]

¿Qué ye gloria? ¡Estar n'Aguas Tuertas sin boira! ¿Qué ye doló? ¡Bier a boira por O Chorró! ¿Qué ye pena? ¡Ir a esbarrá!

[*Pa Todos Santos*]

Pa Todos Santos se escodan as corderas d'os rabaños.

[*En febrero prepara*]

En febrero prepara o estendedero.

[*En febrero fa*]

En febrero fa primavera el bacibero.

[*O día de Todos Santos*]

O día de Todos Santos, pa escodá; o día de Jueves Santo, pa siñalá.

[*Astanés*]

Astanés, pa carnés, y Las Foyas, pa cordés.

[*El sábado baxa*]

El sábado baxa, el domingo guarda fiesta, el lunes descansa, el martes puya, el miércoles esbarra, el jueves ir por leña y el viernes da-le la sal.

[*Las dos ansotanas casadas*]

Más vale chorrada en mayo que ir culiando todo l'año.

[*¡Pascuuuuuualll!*]

—¡Pascuuuuuualll!
—Di-me, Juan Blas.
—¡Año mariano!
—¡Que se jodan os riberanos! […].
—¡Juan Blas!
—Di-me, Pascual.
—¡Oh, Juan Blas, os roscos de San Valero sí que nos han dau por o trasero!

[*Cuatro perneras*]

Cuatro perneras, cuatro terneras, dos huracans y un xuramoscas; dos miras miras, dos baras baras, cuatro andaderas y una zurriaga.

[*Una güeleta*]

Una güeleta y un güelé: de día, juntos; de noches, esbarradez.

[*Las campanas de la Ribera*]

Las campanas de la Ribera
todas tocan por igual.
Dicen: «Montañés, caga dinés;
si no'n i tiens, busca-ne».

[*As mozas se'n van ta Francia*]

As mozas se'n van ta Francia
y os mozos ta la Ribera
pa criar corders
que puyan de primavera.

[*Si a peña de Celún*]

Si a peña de Celún
fuera de tocino y magro,
ya se l'habrían chentáu
os fafalitos de Fago.

Como se ha indicado, Dieste también reunió testimonios de tradición oral en ansotano procedentes de Fago, a saber: las coplas [*Si la peña Ezcaurri*], contestación a la última transcrita de Ansó, y [*Ya s'acerca San Miguel*]; los refranes [*Cuando l'allaga florece*], [*Si baxo, te baxaré un quesé*] y [*Cuando l'arinzón florece*]; la anécdota «Sobre el ser pastoril innato de los ansotanos»; el «Cuento del pastó y el mairal», y la retahíla geográfica [*Si me quieres escribir*]. Se reproducen seguidamente los textos mencionados (Dieste, 1994: 58, 59, 63, 107, 108, 130 y 131).

[*Si la peña Ezcaurri*]

Si la peña Ezcaurri
fuera de requesón,
ya se la habrían comiu
os estandartes d'Ansó.

[*Ya s'acerca San Miguel*]

Ya s'acerca San Miguel;
os goyateros s'alegran
y l'amo s'entristece
y le dicen…: «¡Anda la mierda!».

[*Cuando l'allaga florece*]

Cuando l'allaga florece, a fambre crece.

[*Si baxo, te baxaré un quesé*]

Si baxo, te baxaré un quesé, pero me temo que no baxaré.

[*Cuando l'arinzón florece*]

Cuando l'arinzón florece, la güella marece.

Sobre el ser pastoril innato de los ansotanos

Habían ido una añada dos u tres montañeses d'Ansó a segar, con el güen fin de fer cabal, ta la Canal de Berdún, que demandaba agosteros y temporeros. No les cuacaba cosa ixo d'estar cocháus y esriñonáus to'l día a los ansotanos, que, como güenos pastores, llevaban ruido de galvanes. El sol picaba como cuando tronaba en os puertos y ellos estaban encendidos y se les atragantaban as jornadas y acababan reventáus y cansos, que les eba hecho falta un güen ungüento de ruda; en fin, que le pillaron tripa a o sol. Pronto les tuvieron que dar a pajeta y se'n fueron sin parar ta o suyo lugar más contentos que unas pascuas, que no les tapaban o culo ni con toda a molsa d'a sierra d'Orba. Cuando amanecieron en Ansó, a primer cosa que fizieron fue í-se-ne enta o puerto y s'encerraron en una caseta d'o cubilar, y, como aún entraba una miqueta de sol por a puerta, le decían al repatán:

—¡Mozé, me cagüen Cristina, lebanta-te y mete a manta d'o burro en a puerta, qu'ixe cabrón de sol aún nos persigue!

Cuento del pastó y el mairal

Estaban un día un mairal y un pastor. Era ya tiempo d'abril y ya se habían pasáu os meses d'a gazuza y as reses estaban fortales. El pastó, güeco, le charraba al mairal:

—¡En abril deja as güellas que vayan por donde quieran ir!

Y o mairal, que yera desconfiáu y sabía que as güellas aún no estaban fuertes del todo, le contravino diciendo-le:

—¡Pero deja-las poco a poco, que, si no, no sabrán seguir!

[*Si me quieres escribir*]

Si me quieres escribir, te mando la dirección: provincia As Sachas, partido d'O Forato, pasá por a borda Clica y a pará t'a Plana Cazo.

Tomás Buesa Oliver (1995)

Como se comentó en un estudio anterior (Benítez, 2015-2016: 169), el catedrático de universidad y estudioso de la filología aragonesa Tomás Buesa Oliver fue uno de los artífices del *Atlas lingüístico y etnográfico de Aragón, Navarra y Rioja*, conocido como *ALEANR*, junto con Manuel Alvar López, Antonio Llorente Maldonado de Guevara y Elena Alvar (o Elena Ezquerra Marcial). Precisamente, Buesa realizó las encuestas en Ansó (el punto Hu 101 del *ALEANR*) en 1963 para ese proyecto y pudo comprobar la importante conciencia lingüística que los habitantes de la localidad manifestaron en ellas a propósito de su habla (Buesa, 1995a [1980]: 139 y 142):

Respondieron que ellos hablaban ansotano, es decir, consideran su modo de hablar como peculiar, específico y diferenciador del resto de Aragón por poseer una conciencia localista muy fuertemente acentuada.

Además de los datos que incorporó al *ALEANR*, el profesor Buesa empleó algunos materiales recopilados en esa visita en los artículos «Personalidad de Ansó» (1995a [1980]) —ya citado—, «La persona verbal "yo" en la frontera navarro-aragonesa pirenaica» (1976) y «Apostillas a un panorama de las hablas pirenaicas» (1991). Menos conocido es que, en una conferencia que impartió en castellano en Ansó el 24 de julio de 1966, con motivo del Día de la Comarca, y que fue publicada años después en la revista *Jacetania* con el título «Día de la Jacetania» (Buesa, 1995b), utilizó el dialecto ansotano, sobre todo en el inicio y el cierre de su discurso.

Se reproducen a continuación los fragmentos en ansotano, así como algunos en castellano que contienen voces o frases en dicha habla, del escrito «Día de la Jacetania» (Buesa, 1995b).

Día de la Jacetania

Fa agora cuatro meses, cuando me'n fuey de Sevilla ta Jaca pa vié a mi padre muerto con a mortalla de Cristo en o ataúl, y dimpués, camino ta debán, ta o fusal. Cuando me'n tornabay ta Sevilla, os mozos d'o Centro de Iniciativa y Turismo de Jaca me dicioron que tenebay que hablá en Ansó en o Día d'a Comarca.

Por tres motivos fundamentales no podía negarme a esta invitación. Primero, porque fue mi padre, que tanto aprecio y estima tuvo durante toda su larga vida por Ansó y por los ansotanos, quien me inculcó desde mocé el cariño por todas las cosas de nuestra Jacetania, y el participar en este acto supone para mí un emocionado recuerdo filiar a su memoria.

Segundo, porque hablar aquí, en Ansó, cuna y relicario de nuestra cultura pirenaica, es un inmerecido honor que se me ha hecho. Permitidme que os cuente un íntimo y entrañable recuerdo de mi ya lejana infancia. Cuando me preguntaban qué quería ser de mayor, indefectiblemente contestaba que obispo, general y pastor ansotano. Ni he sido obispo (no pasé de monaguillo de mi difunto tío abuelo y padrino mosen Tomás Buesa Grafiella, cura que fue de Villanúa) ni general (solo llegué a cabo interino del Ejército) ni pastor ansotano (ni siquiera fuey repatán). Además, cuando estiéy aquí, agora fa tres años, y ficiéy más de tres mil preguntas en poco más de dos días n'a encuesta pa o *Atlas lingüístico y etnográfico de Aragón*, todos os ansotanos me socorrioron. Y hasta el Ayuntamiento, con elegancia hospitalaria, me declaró huésped de honor. Si en todo Aragón nobleza obliga, mucho más entre nosotros, que lo forjaron nuestros abuelos.

Y el tercer motivo por el que esté hablando estriba en que a los hombres y mujeres del Centro de Iniciativa y Turismo no se les puede negar nada, porque en pocos años, con su dinamismo inteligente, su tenacidad montañesa y su entusiasmo contagioso, han aireado el nombre de nuestra comarca no solo por Aragón y por toda España, sino también, gracias a los Festivales Folklóricos del Pirineo, por el extranjero, consiguiendo del Ministerio de Información y Turismo el galardón nacional más codiciado por los Centros de Iniciativa de España. Con ser todo esto muy importante, estimo que todavía es mucho más lo que las personas del Centro de Iniciativa y Turismo están logrando: chuní as voluntades todas d'os lugás de Jacetania [...].

Cuando hace tres años me despedía de mis informantes, la señora Juana Mendiara, de casa Soro —señora y dueña por derecho propio, ya que vestía el traje regional, cuyos distintos nombres me facilitó con extraordinaria amabilidad—, me dijo al fotografiarla (siempre, según me contó, se había negado a que la retratasen): «Vos se lleva mi alma en ixa máquina».

No, señora Juana, no me llevéy su alma. Me llevéy toda a alma d'Ansó. Y a ixo hemos puyáu t'aquí: a llevá-nos todos y cada uno de nusotros ixa alma d'Ansó porque ye o lugar más güeno por su entereza, nobleza, tenacidad de fibra y señorío d'a Comarca nuestra.

Rafael Andolz Canela (1996)

Finalizando el siglo XX otras obras incluyeron algunos testimonios de literatura tradicional en ansotano. Una de ellas fue *Más humor aragonés*, de Rafael Andolz Canela (Andolz, 1996). Hay que recordar, como ya se señaló en una publicación anterior (Benítez, 2015-2016: 170), que antes de 1965 este sacerdote, profesor y escritor había comenzado a recopilar léxico aragonés, si bien fue a partir de esa fecha cuando lo hizo de una forma más sistemática para la realización de su *Diccionario aragonés*. Con tal motivo recorrió durante diez años todo el territorio aragonés, y Ansó, bajo la abreviatura *an*, fue una de las poblaciones tenidas en cuenta en esa obra lexicográfica (Andolz, 1977).

En concreto, en *Más humor aragonés* el estudioso incluyó las coplas [*Si la peña Escarrí*] y [*Si a peña Zelún*], variantes de las recogidas por Aznárez y Dieste. Se transcriben seguidamente ambas composiciones (Andolz, 1996: 57 y 205).

[*Si la peña Escarri*]

Si la peña Escarri
estase de requesón,
ya se l'habrían mincháu
os nezios d'Ansó.

[*Si a peña Zelún*]

Si a peña Zelún
estase de tozino magro,
ya se l'habrían mincháu
os forfolitos de Fago.

María Lourdes Mendiara Mendiara (1998)

La profesora ansotana María Lourdes Mendiara Mendiara, que comenzó su trayectoria docente en Sabiñánigo, participó en un curso organizado por el Centro de Profesores y Recursos de esa localidad e impartido por Federico Martín Nebras en 1997. Fruto de las propuestas planteadas en él fue el sugerente libro *Leer... Contar... Cantar*, en el que ella colaboró redactando en ansotano el cuento que más le gustaba de los que le contaron de pequeña, a saber: el «Cuento de santa Bárbara» (Mendiara Mendiara, 1998). Lo había escuchado en la voz de su madre, la citada Pilar Mendiara Ornat, que se lo contaba a sus hijos a la hora de acostarse y que, a su vez, lo había aprendido de sus tías abuelas.

Se reproduce bajo estas líneas la versión del «Cuento de santa Bárbara» escrita por Lourdes Mendiara (Mendiara Mendiara, 1998), en la que se han incluido unas pequeñas correcciones que la propia autora me ha facilitado y que no pudieron ser incorporadas en su día en la edición colectiva.

Cuento de santa Bárbara

Fa muitos muitos años, en una borda en do se enzarraba o ganáu, en metá de o mon, bi'staba un rabaño de crabitetas. Santa Bárbara yera qui las cuidaba.

Un día santa Bárbara fue a por fuellas que nesecitaba para un treballo y se trobó con o lobo en o camino. Santa Bárbara le dició:

—Lobo, lobo, no te comas as crabitetas, que me'n voy a buscá fuellas.

—No, no —contestó o lobo—, que m'he comiu un pernil de tocino, una torta pan y un cántaro vino.

Pero, en cuanto tornó a espalda a madre, o lobo fue t'a borda en do estaban as crabitetas. Les dició:

—Obrí, obrí, que soy a madre güestra.

—No, no —respondioron—, que yes o lobo, y nos ha dito nuestra madre que no te obriéramos.

—No —tornó a chilá o lobo—, que no os engaño, que soy a madre.

—Pues enseña-nos a pateta a vié de qué coló la tienes.

O lobo les n'enseñó y, claro, la teneba negra.

—¡No!, nos engañas. A madre nuestra la tiene blanca —se arriguioron as crabitetas.

Alora o lobo se'n fue ta o molino, se untó a pata con farina y puyó otra vez ta do viviban as crabitetas.

—Trun, trun —clamó—. Obrí-me, que soy a mai.

Enseñó a pateta a as crabitetas y la teneba blanca.

—Ya te obrimos, ya te obrimos —le dicioron.

Así que o lobo entró en a borda y se'n fue comiendo una a una as crabitetas; todas menos a más chiqueta, que se escondió dezaga a puerta.

Cuando plegó a madre, se trobó con que o lobo la eba engañáu y se las eba comiu. Al oí-la salió a chiqueta de dezaga a puerta y dició:

—¡Mamá, mamá! Se ha comiu o lobo a todas as hermanetas, menos a mí, que me he escondiu y no me ha visto.

A madre le dició:

—Vamos agora mesmo a vié si trobamos a un cazadó pa decí-le a vé si puede trobá a o lobo.

Lo troboron ascape y chuntos salioron a por o lobo. Cuando eban camináu una miqueta, lo vioron en una sombra, en o extremo d'o río, durmiendo. Sin pará, o cazadó, sin fé ningún roiu, le obrió a tripa con un cochillo y salioron as crabitetas muito contentas cantando:

—Totín, totán, esta sí que ye mi mai.

Entre todos le metioron a tripa plena de peñas y o cazadó le'n cosió.

Cuando o lobo s'espertó, teneba muito reseco y se'n fue a bebé agua ta o canto d'o río y, como as peñas le pesaban tanto, dio meya güelta, se cayó ta un pozo y se afogó. Así que santa Bárbara y sus crabitetas vivioron felices sin tené miedo d'o lobo nunca más.

Y contico contáu, que por a chaminera d'Alteráu se'n ha escapáu.

José de Jaime Gómez
y José María de Jaime Lorén (1999)

La obra *Paremiología aragonesa: refranero aragonés*, de José de Jaime Gómez, veterinario, y su hijo José María de Jaime Lorén, farmacéutico y profesor universitario, también contiene un ejemplo de literatura tradicional en ansotano. Se trata del refrán [*O Pirineo millor*] (Jaime Gómez y Jaime Lorén, 1999: 59). Cabe mencionar que el interés de la familia De Jaime por la lengua aragonesa ha sido una constante. No en vano José de Jaime y su esposa, Iluminada Rita Lorén Gómez, realizaron dos trabajos titulados «Contribución al estudio de la filología agrícola y pecuaria aragonesa» (Lorén y Jaime, 1950 y 1952), hasta donde se conoce, los primeros léxicos especializados del aragonés.

Se copia a continuación el citado refrán [*O Pirineo millor*] (Jaime Gómez y Jaime Lorén, 1999: 59).

[*O Pirineo millor*]

O Pirineo millor, lo trobarás en Ansó.

**El ansotano en los siglos XIX y XX
a través de sus textos escritos**

La recopilación de los textos escritos en aragonés ansotano en los siglos XIX y XX permite conocer la evolución que este dialecto ha tenido a lo largo de tal periodo de tiempo. En líneas generales, y como se puso de manifiesto en estudios anteriores (Benítez, 2015-2016 y 2017), el proceso de castellanización es perceptible si se analizan los primeros testimonios escritos del dialecto en el siglo XIX y los redactados en la centuria siguiente.

En este sentido, es cierto que en los textos recopilados por Jean-Joseph Saroïhandy a finales del XIX se aprecia un buen número de características propias del aragonés ansotano que pervivieron en el siglo XX. Se citan a continuación algunas (Saroïhandy, 2005: 123-131 y 133-134) cuya presencia en ese dialecto en la centuria pasada puede comprobarse en un estudio anterior (Benítez, 2001: 37-38, 42-43, 45-46, 49-50, 52-53, 57-58, 60, 68, 70-72, 75-76, 83-84, 90-91, 94-96, 98-102, 104, 112, 116-117, 127-128, 139-147, 152, 156-162, 164-165, 169, 175-177, 194, 196, 199-200, 210-218, 220, 227-231, 253 y 256).

En el plano fónico de la lengua, por ejemplo, permanecieron las siguientes: la diptongación de E y de O breves tónicas ante yod (*biengan* 'vengan', *güellos* 'ojos', *fuellas* 'hojas') y de la primera de ellas en formas verbales del verbo *ser* (*ye* 'es', *yera* 'era'); la conservación de F- (*feban* 'hacían', *filla* 'hija', *fé* 'hacer', *filá* 'hilar', *fuso* 'huso', *filera* 'hilara', *fuellas, fa* 'hace') y del grupo PL- (*plegó* 'llegó', *plorá* 'llorar', *pleno* 'lleno', *pleva* 'llueva', *plena* 'llena'); la vocalización de la primera consonante y el mantenimiento de T en las combinaciones -KT- y -ᵁLT- (*feito* 'hecho', *itá* 'echar', *muito* 'mucho'); la vocalización de -V (*nieu* 'nieve'); la pérdida de -D (*verdá* 'verdad', *metá* 'mitad') y, en Ansó, de -R (*coló* 'color', *tené* 'tener', *casá* 'casar', *fé, pastó* 'pastor', *lugá* 'lugar, población', *vié* 'ver', *filá*), que en Fago se conserva (*mirar* 'mirar', *comer* 'comer, tomar alimento'); la palatalización de LY, C'L, T'L o de I consonántica en principio de palabra (*agulla* 'aguja', *güellos*, *viella* 'vieja', *palla* 'paja', *fuellas*, *chentá* 'comer, tomar la comida principal del día'); la solución /ʃ/ procedente de -PS-, -KS-, -SK$^{e, i}$- (*ixas* 'esas', *ixos* 'esos', *coxa* 'coja', *conoxiu* 'conocido'); la equivalencia acústica *g* ~ *b* (*güey* 'buey'), y la metátesis (*crabitetas* 'cabritas').

En el nivel morfosintáctico, entre otros rasgos, pervivieron los aquí citados: la realización del morfema de plural mediante -*s* (*azuls* 'azules', *xabalins* 'jabalís o jabalíes', *cordons* 'cordones', *pans* 'panes', *ratons* 'ratones'); el uso de los artículos *o, a, l', os, as* 'el, la, los, las' (*o perello* 'el pellejo, la piel', *a mullé* 'la mujer', *l'otro* 'el otro', *as tentillas* 'las lentejas', *os treballos* 'los trabajos'); el empleo de los demostrativos *ixe* 'ese' y sus variantes de género y de número (*ixe ombre* 'ese hombre', *de ixos* 'de esos', *ixas fieras* 'esas fieras'); la utilización de los pronombres personales *vos* 'usted' y *li* 'le' (*da-me vos* 'deme usted', *li farían* 'le harían'); la presencia de los llamados *pronombres adverbiales* derivados de INDE (*no queriba tocá-ne ninguno* 'no quería tocar ninguno [ningún plato y ningún vaso]', *se'n fue* 'se fue', *te'n traigo* 'te traigo [de ellas]'); la aparición de los relativos *qui* 'quien' y *do* 'donde' (*qui la pillera* 'quien la pillara, quien la cogiera', *qui dice* 'quien dice', *fue enta do estaba* 'fue adonde estaba'); la actualización de la segunda persona del plural en los verbos con la desinencia -*z* (*habez queriu* 'habéis querido', *veríaz* [*vos*] 'vería [usted]'); la formación del pretérito imperfecto de indicativo en las tres conjugaciones a través de -*ba* (*deciba* 'decía', *sentiba* 'sentía', *teneba* 'tenía', *quereba* 'quería', *feban* 'hacían', *comeban* 'comían'); la presencia de perfectos débiles (*dició* 'dijo', *tenió* 'tuvo', *estió* 'estuvo'), algunos de ellos, no obstante, con la vocal de la raíz inflexionada (*fició* 'hizo'); la materialización de los participios mediante el morfo -*u* (*queriu* 'querido', *pasáu* 'pasado', *pariu* 'parido'); la utilización del adverbio *alora* 'entonces' y de las preposiciones *enta* 'a, hacia' y *pa* 'para' (*alora a reina dició* 'entonces la reina dijo', *plegó enta una casa* 'llegó a una casa', *pa que l'en asera* 'para que se lo asara'); el empleo de la construcción impersonal *bi'stá* 'haber' con valor existencial (*bi'staba una reina* 'había una reina', *a mullé más guaba* [sic] *que bi'staría en a boda* 'la mujer más guapa que habría en la boda'); o el uso del pronombre *tú* precedido de preposición (*a tú* 'a ti').

Respecto a la formación de palabras, continuó siendo característico del ansotano el uso de los sufijos diminutivos -*eta*, -*iello* (*moceta* 'mujer hasta que cumple la edad de recibir la comunión', *crabitetas,* *betiellos* 'terneros'), entre otros morfemas derivativos.

Sin embargo, algunas de estas peculiaridades muestran una paulatina castellanización en los textos del siglo XX, que es más intensa en determinados escritos y en ciertos autores. Por ejemplo, en los escritos del siglo pasado los grupos LY, C'L y T'L no siempre han dado lugar a la solución aragonesa y ansotana / ʎ / en las voces *fuella, güello* y *viella,* término este último que ya alternaba con *vieja* en el siglo XIX, y tampoco se han producido sistemáticamente la diptongación ante yod de O breve tónica en las dos primeras palabras ni el mantenimiento de F inicial en *fuella.* Así, se documentan *fuella* (Puchó [Joaquín Bejarano], 1993a), *fuellas* (Mendiara Mendiara, 1998: 79), *güellos* (Nagore, 1987: 19; Aznárez López, *ca.* 1987c; Lucía Gastón Romeo, 1992: 23), *biella* 'vieja' (Barcos Calvo, 1986), *biello* (Moncayola, 1990: 7), *biellos* (Puchó [Francisco Bejarano], 1980: 18; Vicén, 1985: 26) y *viellos* (Aznárez López, *ca.* 1987a: 157; Puchó [Joaquín Bejarano], 1993a), pero también *ojas* (Gorría, 1983: 47), *ojo* (Gastón Longás, 1947), *viejo* (Martín y Pérez, 2008b), *vieja* (Ostalé *et alii,* 1981c) y *viejos* (Mendiara Ornat, *ca.* 1979; «Vejez y vida de un aragonés»; Aznárez López, *ca.* 1987a: 156; Martín y Pérez, 2008f).

Además, según se ha indicado, el proceso de castellanización de las características mencionadas, si bien se constata en casi todos los textos y en prácticamente todos sus autores, es mayor en algunos. Sin un análisis exhaustivo, pueden servir de muestra los escritos de Mariano Gastón, la transcripción de la entrevista realizada por Migalánchel Martín y Migalánchel Pérez a Benito Navarro o los textos de tradición oral recopilados por José Damián Dieste.

En el primer caso, Mariano Gastón, además de utilizar la mencionada voz *ojo,* emplea otros castellanismos. Entre ellos pueden nombrarse los siguientes (Gastón Longás, 1947 y 1948): *diría,* condicional sin la presencia de la desinencia verbal *-i,* peculiar de la primera persona del singular, como se estudiará a continuación; *es,* presente de indicativo sin la diptongación de la E breve tónica; *ofrecen,* forma verbal sin la solución / ʃ /, y *verdad,* sustantivo sin la pérdida de *-d.*

Son también muy numerosas las formas castellanas utilizadas por Benito Navarro en lugar de las características del aragonés ansotano. Algunas se mencionan a continuación (Martín y Pérez, 2008g y 2008h): *era,* pretérito imperfecto de indicativo sin la diptongación de

la E breve tónica; *tengo*, presente de indicativo en el que tampoco dip-
tonga dicha vocal ante yod; *hijo, hija*, sin la conservación de F- ni la pa-
latalización de LY en /ʎ/; el demostrativo *eso* por *ixo*; *tenido, sido, sen-
tido*, participios sin la terminación -*u*; *llegué, llegar, llegado, llegó*, formas
verbales que no conservan el grupo inicial PL ni la terminación -*i*, pro-
pia de la primera persona, en el caso de *llegué*; *tuve, desfize, estuve, dije-
ron, dijo*, perfectos fuertes en lugar de los débiles correspondientes;
despedí, enseñaron, terminaron, volvieron, pretéritos perfectos simples sin
las terminaciones -*iéi*, en la primera forma, y -*oron*, en las últimas; *haber*
en vez de *estar* en las construcciones impersonales con valor existen-
cial; *nacen*, presente de indicativo sin la solución /ʃ/, y *ponía*, pretérito
imperfecto de indicativo sin la desinencia -*ba*.

Según se ha indicado, el uso del castellano en algunos refranes re-
copilados por José Damián Dieste también es intenso, como se indica
seguidamente (Dieste, 1994: 28, 50, 51, 56, 57, 58, 59, 64 y 65): [*Febre-
rín, febrerón*] solo presenta como rasgos lingüísticos aragoneses y an-
sotanos el llamado *pronombre adverbial en*, unido al personal *m'* por si-
nalefa y la elisión vocálica, y la realización del plural con el morfo /s/
en *cornichons* 'diminutivo de cuerno'; por su parte, en [¿*Qué cosa es
gloria?*] se observa, además de la ya comentada voz *boira*, simplemente
la preposición *n'* 'en' y la sinalefa y la elisión vocálica producidas en
d'Agüero, y en [¿*Qué ye infierno?*], la forma verbal aragonesa y ansotana
ye, ya citada; en [*Pa San Matías*], [*En llegando al veinte de febrero*] y [*En
llegando a marzo*], las únicas peculiaridades del aragonés ansotano re-
gistradas son el empleo de la preposición mencionada *pa* en el primer
refrán y el uso de las voces *monteriza* 'terreno no cultivado' en el se-
gundo y *aspros* 'terreno áspero, escabroso, no cultivado' en el tercero;
en [*Cuando llueva en abril*] y [*El pastó que duerme en enero*], se documen-
tan, respectivamente, el citado pronombre adverbial *en* y la realización
fonética [Ø] de /-r/ en la voz ya nombrada *pastó* como características
del dialecto ansotano; en [*Cordero de bal de Badina*] y [*Corderos de Mas-
cariello*], además de la palabra *bal* 'valle', presente igualmente en el lé-
xico gallego y considerada castellana por la Real Academia Española
desde sus inicios (1726-1739), solo los topónimos *Badina* y *Mascariello*
y el adjetivo *curtos* 'cortos' manifiestan rasgos lingüísticos aragoneses y
ansotanos; por último, las características del habla del valle de Ansó en
[*Llegando febrero*] y [¡*Güen año, ganaderos!*] son únicamente la voz *bacibero*
'pastor que se encarga del ganado no destinado a la reproducción',

el aludido artículo *l'* en el primer texto y la equivalencia acústica /g/ ~ /b/ en *güen* 'buen', el uso del artículo citado *os* y el mencionado adjetivo *curticos* en el segundo.

La castellanización de los escritos en ansotano se constata, asimismo, al comprobar que algunos rasgos lingüísticos registrados en los textos —también en los materiales procedentes de encuestas— recopilados por Saroïhandy no lograron pasar la frontera del siglo XX o lo hicieron de forma excepcional. En un estudio anterior se analizaron algunos de ellos (Benítez, 2017).

A este respecto, la serie de pronombres personales átonos de tercera persona en función de complemento directo *o, a, os, as* fue sustituida casi completamente por la formada por *lo, la, l', los* y *las*, con la que todavía alternaba a finales del siglo XIX (Saroïhandy, 2005: 123 y 126): *os levó* 'los llevó', *los chentó* 'los comió', *la pilloron* 'la cogieron'. Además, prácticamente desapareció la desinencia *-n* en la tercera persona del plural del pretérito indefinido, que, no obstante, ya en esos testimonios del siglo XIX se utilizaba junto con la terminación castellana *-ron* (Saroïhandy, 2005: 123-124, 128, 131 y 133): *estión* 'estuvieron', *querión* 'quisieron', *tocón* 'tocaron', *troboron* 'encontraron', *separoron* 'separaron', *preguntoron* 'preguntaron'. Tampoco pervivieron los pretéritos imperfectos de subjuntivo terminados en *-era* de la primera conjugación (*matera* 'matara', *levera* 'llevara', *itera* 'echara', *pillera* 'pillara, cogiera', *filera* 'hilara'), documentados por Saroïhandy (2005: 123, 125-126 y 129). Asimismo, desapareció la desinencia verbal *-i* en la primera persona del futuro imperfecto de indicativo, tiempo en el que todavía se registraba, junto con casos de ausencia, en el siglo XIX (Saroïhandy, 2005: 129-131 y 133): *probaréi* 'probaré', *mataréi ~ mataré* 'mataré', *querréi* 'querré', *vendréi* 'vendré', *daré* 'daré', *cantaréi* 'cantaré'.

En la sintaxis oracional, precisamente el uso del futuro imperfecto de indicativo en enunciados desiderativos (*tal vez te sacaréi de o apuro* 'tal vez te saque del apuro'), atestiguado de forma ocasional por Saroïhandy (2005: 126), fue remplazado por el empleo del presente de subjuntivo en el siglo XX. En esta última centuria la utilización del pronombre personal tónico *mí* como parte de un sintagma preposicional era mayoritaria y sustituyó a *yo* precedido de preposición, secuencia que aún documentó el estudioso francés, si bien de forma esporádica y en alternancia con *mí* (Saroïhandy, 2005: 127 y 129): *a mí* 'a mí', *con yo* 'conmigo', *de mí* 'de mí'. En el paso del siglo XIX al XX también se olvidó prácticamente el valor locativo del llamado *pronombre adverbial i*, que se atestigua en los textos recopilados por Saroïhandy (2005: 124 y 126): *cuála mullé i yera a más maja* 'qué mujer era allí la más hermosa', *no'n querió í i* 'no quiso ir allí', *voi a í i* 'voy a ir allí'.

De hecho, el primero de los textos del siglo XX de cierta extensión, el recogido por José Alcay en 1926, presenta un buen grado de conservación del dialecto, como prueba el empleo abundante del pronombre personal átono de tercera persona en función de complemento indirecto *li*, también atestiguado por Saroïhandy, pero sustituido a menudo en el siglo XIX por la forma castellana *le*. Sin embargo, ya no se utiliza en él la serie de pronombres personales *o, a, os, as* ni la desinencia *-n* en la tercera persona del plural del pretérito indefinido, sino *lo, la, l', los* y *las*, y *-ron: no los dejó* 'no los dejó', *la pilloron* 'la pillaron, la cogieron', *lo llevan* 'lo llevan', *las mete* 'las mete, las pone', *puyoron* 'subieron', *ficioron* 'hicieron', *dioron* 'dieron', *entroron* 'entraron', *salioron* 'salieron', *tornoron* 'tornaron', *comioron* 'comieron', *tenioron* 'tuvieron' (Marín, 1926: 126-127).

La misma tendencia se observa en el resto de los textos del siglo XX, en los que es mayoritario el uso de los pronombres *lo, la, l', los* y *las*, y de la terminación *-oron* en el pretérito indefinido, según se puso de manifiesto en trabajos anteriores (Benítez, 2001: 116-117 y 156-157, y 2017: 13 y 17-19) y se comprueba en estos ejemplos: *lo deciban* 'lo decían', *lo leebas* 'lo leías', *lo conoxeba* 'lo conocía' (Gusano, 1968); *lo ficioron* 'lo hicieron', *lo vestiba* 'lo vestía' (Mendiara Ornat, *ca.* 1979); *la treballan*, 'la trabajan', *la claman* 'la llaman', *los crían* 'los crían' («Charramos d'Ansó»); *los aduyó* 'los ayudó', *la fan* 'la hacen' (Mendiara Gastón, 1987a y 2003 [1992-1993]); *la charran* 'la hablan', *las conoxera* 'las conociera', *las sabebai* '[yo] las sabía', *los desterroron* 'los desterraron' (Vicén, 1985: 26, 1990a y 1990b: 14-15); *las he teniu que vendé* 'las he tenido que vender', *los atraporon* 'los atraparon', *los pueden cremá* 'los pueden quemar' (Martín y Pérez, 2008f); *los trayeban* 'los traían' (Martín y Pérez, 2008g); *los fue xuntando* 'los fue juntando' (Puchó [Joaquín Bejarano], 1994c); *ficioron* 'hicieron', *lleboron* 'llevaron', *quedoron* 'quedaron', *aclamoron* 'recurrieron' («Charramos d'Ansó»); *podioron* 'pudieron' (Mendiara Gastón, 1987a); *sabioron* 'supieron', *plegoron* 'llegaron' (Pérez Mendiara, 1989: 21).

Es cierto, sin embargo, que el uso, excepcional, de los pronombres personales *o, a, os, as* y de la desinencia *-n* en el pretérito perfecto simple

Portada del primer número de la revista *A Sabaya*, publicación que permitió la incorporación de algún nuevo autor a la escritura en ansotano a finales de los ochenta del pasado siglo.

en unos pocos textos del siglo XX recuerda su antigua presencia: *as emos bisto* 'las hemos visto' (Barcos Calvo, 1986); *os cremoron* 'los quemaron', *nadie as ha llegado a controlar* 'nadie las ha llegado a controlar', *as vendí* 'las vendí' (Martín y Pérez, 2008f y 2008h); *as eba sacáu* 'las había sacado' (Silvia Gastón Romeo, 1992), y *dion* 'dieron' («Charramos d'Ansó», p. 18). No en vano, y en relación con el segundo rasgo, los propios hablantes son conscientes del mayor empleo de la terminación *-oron* frente a *-ón*: «A tercera persona de o plural de o pasáu indefiniu acaba en *-oron*: *puyoron, dioron*. Ye menos frecuén en *-ón*: *plegón*» (Ostalé *et alii*, 1981c).

Tampoco hay rastro, ni en el escrito recopilado por Alcay ni en los demás del siglo XX, de los pretéritos imperfectos de subjuntivo de la primera conjugación en *-era*, que sustituyeron tal segmento por el castellano *-ara* y muy ocasionalmente por *-ase*, como se indicó en estudios previos (Benítez, 2001: 163, 179-180 y 212, y 2017: 13-14) y se muestra en los siguientes casos: *muyase* 'mojase', *tomaran* (Marín, 1926); *charrara* («Charramos d'Ansó», p. 18); *replegara* 'recogiera' (Aznárez López, *ca.* 1987a: 156); *pasaran* (Vicén, 1990a); *tornaran, escuitaran* 'escucharan' (Mendiara Gastón, 1992); *levantaran* (Puchó [Joaquín Bejarano], 1993a); *estase* 'fuera, fuese' (Andolz, 1996: 57, 205); *obriéramos* 'abriéramos' (Mendiara Mendiara, 1998: 79); *cambiaran, sudaran, comprase* (Martín y Pérez, 2008g y 2008h).

La realización del pretérito imperfecto de subjuntivo mediante el morfo /-se/ se observa, también de forma muy esporádica y en contados escritores, en verbos de las otras conjugaciones y en la formación del pretérito pluscuamperfecto de ese modo: *salise* 'saliese', *benisen* 'viniesen' (Pérez Mendiara, 1989: 22); *fesen* 'hiciesen', *ese siu* 'hubiese sido', *ese pasáu* 'hubiese pasado', *ese escuitáu* 'hubiese escuchado' (Vicén, 1990a y 1990b: 14-15).

Ya se ha comentado que la desinencia verbal *-i*, característica de la primera persona del singular, no se conservó, sin embargo, en el futuro imperfecto de indicativo más allá del siglo XIX, tal como se expuso con anterioridad (Benítez, 2001: 153-155). La falta de este morfo en dicho tiempo es general en los textos del XX: *podré, daré, llevaré* («Vejez y vida de un aragonés»); *volveré* (Gorría, 1983: 47); *querré, tornaré* (Quint, 1992-1993: 48); *baxaré* 'bajaré' (Dieste, 1994: 59). Como se estudió (Benítez, 2017: 11-12 y 14-15), su ausencia puede explicarse no solo por castellanización, sino por asimilación y reducción en /-é/ del diptongo /-éi/. En ese trabajo se apuntó que el mismo proceso fonético parece tener lugar en el diptongo /-ai/ en la primera persona singular del potencial simple en -*ríe* (*fablaríe* 'yo hablaría', *seríe* 'yo sería', *comeríe* 'yo comería'), que Saroïhandy documentó en los materiales lingüísticos recopilados en Ansó (Saroïhandy, 2005: 259, 260 y 263), y del pretérito imperfecto de indicativo en -*e*, en alternancia con -*ai* (*yerai* ~ *yere* 'yo era', *tenebai* ~ *tenebe* 'yo tenía', *decibe* 'yo decía'), que Elena Gusano registró en la década de los sesenta del siglo XX en el ansotano hablado por su abuela (Gusano, 1968).

En cuanto a la sintaxis de los textos, se observa que los del siglo XX han perdido el empleo del futuro imperfecto de indicativo en oraciones desiderativas, que aún llegó a atestiguarse en la centuria anterior, según se ha indicado. Utilizan, en su lugar, el presente de subjuntivo, tal como se muestra en este ejemplo: *a vié si vi'stá alguno/na entre vusotros/as que nos saque d'apuros* 'a ver si hay alguno/a entre vosotros/as que nos saque de apuros' (Puchó [Joaquín Bejarano], 1993d).

Además, el pronombre personal tónico *yo* prácticamente dejó de formar parte de sintagmas preposicionales en función de complemento en los textos del XX, como se había documentado un siglo antes. La forma *mí* lo sustituyó en tales secuencias de forma mayoritaria, según se atestiguó en una investigación anterior (Benítez, 2001: 138 y 142-143) y se observa seguidamente: *a mí* 'a mí' (Gastón Longás, 1947; Nagore, 1987: 25; Quint, 1992-1993: 48; Martín y Pérez, 2008g y 2008h); *con mí* 'conmigo' (Quint, 1992-1993: 48). De hecho, *yo* precedido de preposición solo tuvo un empleo ocasional durante todo el siglo XX: *a yo* 'a mí', *pa yo* 'para mí' (Vicén, 1990b: 14).

Finalmente, como se ha indicado, se perdió, en general, el empleo del denominado *pronombre adverbial i* con valor locativo, cuyo uso ya era bastante limitado en el siglo XIX (Benítez, 2017: 27). Esto puede comprobarse en los siguientes ejemplos, en algunos de los cuales se sustituye por otros adverbios de lugar: *querébamos í* [*a Panticosa*] *pa ganá algo* 'queríamos ir [a Panticosa] para ganar algo' (Gusano, 1968); *as mesachas iban ta Mauleón* [...]. *Soleban í pasáu San Mateu* 'las muchachas iban a Mauleón [...]. Solían ir pasado San Mateo' («Charramos d'Ansó», p. 17); *os ganáus que t'aquí plegan* 'los ganados que aquí llegan', *ent'allí iremos plegando* 'allí iremos llegando' (Mendiara Gastón, 1982a: 4, y 1987a); *as chens que plegan de fuera* 'las gentes que llegan de fuera', *os forasteros no han plegáu* 'los forasteros no han llegado' (Pérez Mendiara, 1982); *as mullés en o lugar / encendeban o fuego / por refocilar os hombres / que plegarían luego* 'las mujeres en el pueblo / encendían el fuego / por refocilar a los hombres / que llegarían pronto' (Aznárez López, *ca.* 1987a: 157).

No obstante, y de forma puntual, algunos textos, bien de carácter tradicional, bien de autor, emplean *i* con valor locativo: *si no'n i tiens* 'si no tienes allí [dinero]', en el dicho [*Montañés, caga dinés*] (Martín y Pérez, 2008d), incluido también en la copla [*Las campanas de la Ribera*] (Dieste, 1994: 129); *a os que i plegan* 'a los que llegan allí', *os que i son* 'los que están allí' (Pérez Mendiara, 1982); *bi'stá dos trazas de i plegar* 'hay dos maneras de llegar allí' (Barcos Calvo, 1986); *en os que i bibiba* 'en los que vivía' (Moncayola, 1990: 28).

Precisamente, el hecho de que en textos en ansotano del siglo XX, tanto de origen y transmisión oral como de autor, se aprecie cierta tendencia a la adopción de soluciones lingüísticas de la lengua aragonesa poco atestiguadas o no documentadas en dicho dialecto frente a las correspondientes castellanas es otra de las características de la literatura ansotana de la centuria pasada que continúa en la presente.

En cuanto a los textos de origen y transmisión oral, la presencia de adjetivos y participios en *-to* (*barbato* 'barbado', *chelato* 'helado', *refinato* 'refinado, sobresaliente') en el refrán [*Pa San Vicente barbato*], insertado en el *Vocabulario de Aragón* (Moneva, 2004: 157), puede deberse a que refleja un estadio de lengua antiguo o a la procedencia alóctona de ese texto. De hecho, es un rasgo ausente en el ansotano de los siglos XIX y XX, con la única excepción de la voz *publicata* 'publicada' (Moncayola, 1990: 28), pues es general la utilización de los participios en *-u*, según se registró con anterioridad (Benítez, 2001: 164-165) y puede apreciarse a continuación: *siu* 'sido', *itáu* 'echado', *pilláu* 'pillado, cogido', *iu* 'ido', *leváu* 'llevado' (Saroïhandy, 2005: 123, 124 y 125); *metiu* 'metido, colocado', *clamáu* 'llamado' (Mendiara Ornat, *ca.* 1979); *posáu* 'sentado' (Nagore, 1987: 24); *tiráu* 'quitado', *veniu* 'venido' (Mendiara Gastón, 1986 y 1987b); *plegáu* 'llegado', *escuitáu* 'escuchado', *teniu* 'tenido' (Pérez Mendiara, 1982; 1989: 22); *baxáu* 'bajado', *tornáu* 'tornado, vuelto a hacer', *aprendiu* 'aprendido' (Vicén, 1985: 28, 1990a y 1990b: 15).

En este mismo sentido, en la adivinanza [*Buenos días, Filandresa*], recogida por Dieste (1994: 118), se utilizan la voz *cuidiáu* 'cuidado' y el artículo *lo* 'el', y este último aparece ante una forma plena de posesivo en función adnominal y posición prenuclear (*lo mío cerrudo en lo tuyo peláu* 'mi pene en tu vulva'). La última combinación citada se aprecia también en la anécdota «Sobre el ser pastoril innato de los ansotanos»: *o suyo lugar* 'su lugar, su pueblo' (Dieste, 1994: 107). Son todas ellas formas y construcciones no documentadas o excepcionales en ansotano.

Así, en tal dialecto solo se registra la palabra *cudiáu* u otras voces de su misma familia léxica en los siglos XIX y XX: *¡qué poco cudiáu!* 'qué poco cuidado' (Saroïhandy, 2005: 253); *a mai li cudiaba* 'la madre lo cuidaba, la madre le cuidaba' (Moncayola, 1990: 10). Además, el empleo del artículo *lo* ya era extraño en el siglo XIX, dado que la forma característica desde entonces ha sido *o*, y la secuencia constituida por un artículo y una forma de posesivo plena y adnominal solo se halla en posición prenuclear ocasionalmente, pues en tal combinación el posesivo ocupa la situación posnuclear, como se expuso en estudios anteriores (Benítez, 2001: 116-117 y 132-133, y 2017: 17-19) y puede comprobarse en los siguientes ejemplos: *o pan mío* 'el pan mío' (Saroïhandy, 2005: 124); *os agüelos nuestros* 'los abuelos nuestros', *os mons nuestros* 'los montes nuestros', *as bals nuestras* 'los valles nuestros', *a riqueza nuestra* 'la riqueza nuestra' (Pérez Mendiara, 1982 y 1989: 21-22); *o mariu suyo* 'el marido suyo', *a mai tuya* 'la madre tuya', *a casa suya* 'la casa suya' (Vicén, 1990a y 1990b: 14); *a madre güestra* 'la madre vuestra' (Mendiara Mendiara, 1998: 79).

Son pocas, según se ha señalado, las excepciones de textos en ansotano del siglo XX que muestran la anteposición del artículo a un posesivo en función adnominal y en posición prenuclear: *a nuesa toponimia, o nueso lugar* (Barcos Calvo, 1986); *o nuestro Pirineo* 'nuestro Pirineo' (Pérez Mendiara, 1989: 21).

Tampoco es característica del dialecto ansotano la voz *güellas* 'ovejas', que se utiliza en el refrán [*Cuando l'arinzón florece*] o en el «Cuento del pastó y el mairal» (Dieste, 1994: 63 y 108). En su lugar se emplea *ovella* (Gastón Longás, 1947; Mendiara Ornat, *ca.* 1979; Ostalé *et alii*, 1981b), como ya se documentó en su día (Benítez, 2001: 316).

Por otro lado, tanto en los textos del siglo XIX como en la mayor parte de los del XX, el demostrativo por excelencia es *este*, con sus correspondientes variantes de género y de número, según se constata en un estudio previo (Benítez, 2001: 127-129 y 210) y en estos ejemplos:

este coló 'este color', *este mon* 'este monte' (Saroïhandy, 2005: 123 y 127); *este lugá* 'este lugar, esta población', *esta boca, esta fabla* 'esta habla' («Vejez y vida de un aragonés»); *este rincón, este lugá, esta tierra, estos mons* 'estos montes', *estos días, este primé traje* 'este primer traje', *esta mullé* 'esta mujer', *este bello rincón, este renombráu traje* 'este renombrado traje', *esta fiesta, esta ye* 'esta es' (Mendiara Gastón, 1982a: 4, 1982b, 1986, 1987a, 1987b y 1988); *esta tierra* (Gorría, 1983: 46); *estos días* (La Comisión, 1983); *este mundo, esta perra bida* 'esta perra vida', *esta peña, esta bida* (Nagore, 1987: 23-25); *estos valles* (Aznárez López, *ca.* 1987a: 157); *ye esta* 'es esta' (Gastón Añaños, 1988); *esta, un poco más beroya* 'esta, un poco más lozana', *esta práctica, esta mercancía, estos ricos* (Vicén, 1990a y 1990b: 14); *estos renglons* 'estos renglones, estas líneas', *esta manera* (Puchó [Joaquín Bejarano], 1993a y 1994c); *con esta* (Quint, 1992-1993: 48).

Hay, sin embargo, algunas muestras del incipiente empleo de las formas *iste* e *ista*, que, según se señaló en un estudio anterior (Benítez, 2015-2016: 180-181), ha continuado de una forma más relevante en los primeros años del siglo XXI: *iste problema* 'este problema' (Pérez Mendiara, 1989: 21); *ista casa* 'esta casa' (Castán, 1986: 4); *iste mundo* 'este mundo' (Martín y Pérez, 2008h).

De igual manera, los adjetivos indefinidos *un* —tradicionalmente denominado *artículo indeterminado*— y *alguno*, con sus correspondientes formas femeninas y plurales, son los documentados en el siglo XIX y los más usados en ansotano en el XX para indicar un número no elevado de las personas o las cosas designadas por el sustantivo al que modifican. Esto ya se afirmó en una investigación anterior (Benítez, 2001: 118, 120, 133-135, 137 y 214) y puede comprobarse en las siguientes citas: *d'allí (de allí) a unos días* 'al cabo de unos días', *un troz* 'un trozo', *un mon* 'un monte' (Saroïhandy, 2005: 123-124, 127 y 130); *algunas casas* (Mendiara Ornat, *ca.* 1979); *algún choben* 'algún joven' («Charramos d'Ansó», p. 17); *t'algún rincón* 'a algún rincón' («Vejez y vida de un aragonés»); *unos cuidáus pasos* 'unos cuidados pasos, unos atentos pasos', *algunos palés, algunos ejemplars* 'algunos ejemplares' (Ostalé *et alii*, 1981a y 1981b); *algunos chovens* 'algunos jóvenes', *unos ditos* 'unos dichos' (Aznárez López, *ca.* 1987a: 156 y 157); *unos días, unos abríos* 'unas reses vacunas' (Vicén, 1990a: 29 y 1990b: 14); *algunos sarrios* 'algunas gamuzas, algunos rebecos', *algunas bezes* 'algunas veces' (Moncayola, 1990: 18 y 21);

unos pastós 'unos pastores' (Barcos Aznárez, 1992: 54); *algunos hombres, hasta fa algunos años* 'hasta hace unos años', *algunas pardinas* 'algunas fincas con casa y corral', *alguna palabra* (Puchó [Joaquín Bejarano], 1993a, 1993b, 1993d y 1994a); *alguna craba* 'alguna cabra' (Martín y Pérez, 2008g).

No obstante, en los textos del siglo XX se constata, si bien en menor medida, la utilización de *bella, bellos* y *bellas*, que, según se apuntó en un estudio previo (Benítez, 2015-2016: 180), ha continuado en el XXI: *bellos quinze años* 'unos quince años' («Charramos d'Ansó», p. 17); *bellas planas* 'algunas páginas' (Aznárez López, *ca.* 1987c); *bella cosa más* 'algo más', *bella vez* 'alguna vez', *bellas espezies* 'algunas especies' (Pérez Mendiara, 1982 y 1989: 21); *bellos libros* 'algunos libros', *bellos guardas* 'algunos guardas' (Vicén, 1985: 26 y 27); *fa bellas añadas* 'hace algunos años', *bellas cosas* 'algunas cosas', *bella tierra* 'alguna tierra' (Barcos Calvo, 1986 y 1993). Precisamente, en algún ejemplo del uso de *bellos* en el siglo XX, puede comprobarse que se realiza una sustitución consciente de la forma castellana por la aragonesa comparando el escrito original con el editado: *algunos sucesós* 'algunos sucesores'[32] / *bellos suzesós* (Mendiara Gastón, 1982a: 4).

Además, y aunque no hay muestras en los textos de los siglos XIX y XX recopilados en esta obra, pues, en particular en estos últimos, se emplean números escritos con cifra, en un estudio anterior se puso de relieve la ausencia en el habla del valle de Ansó de muchas de las formas características que los numerales cardinales ofrecen en aragonés y se constató la presencia, por el contrario, de la mayoría de las que constituyen el inventario en español (Benítez, 2001: 133-134 y 214). Por ello, la forma aragonesa *mil zincozientos* 'mil quinientos' (Moncayola, 1990: 21) ha de considerarse un caso aislado y un hápax en los escritos en ansotano de dichas épocas.

Asimismo es un hápax *mos* 'nos' como pronombre personal átono de primera persona plural en los textos en ansotano de los siglos XIX y XX: *mos diziemos* 'nos dijimos' (Vicén, 1990b: 15). No en vano en ambas centurias se emplea *nos* en su lugar, según se estudió con anterioridad (Benítez, 2001: 139, 142-143 y 215) y se muestra en los ejemplos copiados a continuación: *nos cayen* 'nos caen' (Gastón Longás, 1948); *nos en íbamos* 'nos íbamos', *nos arreuníbamos* 'nos reuníamos' (Gusano, 1968); *nos podeba contar* 'nos podía contar' («Charramos d'Ansó», p. 17); *nos parixeba* 'nos parecía', *no nos trobaremos* 'no nos encontraremos', *nos plenemos* 'nos llenemos' (Mendiara Gastón, 1987a y 1988); *nos hemos metiu* 'nos hemos puesto', *no nos eban dito* 'no nos habían dicho', *no nos han escuitáu* 'no nos han escuchado' (Pérez Mendiara, 1982 y 1989: 22); *nos han contáu* 'nos han contado' (Vicén, 1990a); *nos afogó* 'nos inundó' (Barcos Calvo, 1986); *nos n'imos* 'nos vamos' (Gastón Añaños, 1988); *nos han encorriu* 'nos han perseguido', *nos protexe* 'nos protege', *nos amuestra* 'nos muestra' (Moncayola, 1990: 27-28); *nos esmaxinemos* 'nos esforcemos' (Puchó [Joaquín Bejarano], 1994b).

Hay que referirse también a que el desarrollo de un incremento velar en la primera persona del singular del presente de indicativo y en todas las del presente de subjuntivo tuvo una extensión mayor en la conjugación verbal del ansotano en el siglo XIX que en el XX, tal como se estudió (Benítez, 2017: 15-18). Sin embargo, este fenómeno no afectó al presente de subjuntivo del verbo *ser*, que en ambas centurias prefirió la forma castellana *sea*, según se explicó en un trabajo anterior (Benítez, 2001: 181) y se observa en los siguientes ejemplos: *sea* (Saroïhandy, 2005: 129; Ostalé *et alii*, 1981c; Aznárez López, *ca.* 1987a: 156; Gastón Añaños, 1988; Puchó [Joaquín Bejarano], 1994a). De ahí que el uso de *siga* 'sea' constituya una excepción y la voz *sea* un hápax en los textos en ansotano del siglo XX, ya que solo se documenta en Moncayola (1990: 21).

Aunque el morfo /ó/ realiza en ansotano el morfema de modo, tiempo y aspecto en la tercera persona del pretérito indefinido, los verbos *ser* e *ir* adoptaron en los siglos XIX y XX las correspondientes formas castellanas, según se puso de manifiesto en otro estudio (Benítez, 2001: 169) y se comprueba en *fueron* (Saroïhandy, 2005: 124, 125 y 126; Mendiara Ornat, *ca.* 1979; Ostalé *et alii*, 1981b; Mendiara Gastón, 1982a: 4). Aun así, hay un uso ocasional de *fuoron* 'fueron' (Vicén, 1990a y 1990b: 15; Martín y Pérez, 2008f).

Igualmente hay que considerar excepcional el empleo que del adverbio de cantidad *prou* 'bastante' realiza un solo autor en el siglo XX: *prou gran* 'bastante grande', *prou bien* 'bastante bien' (Barcos Calvo, 1986). Es cierto que los escritos de esa centuria muestran, en general, la voz castellana correspondiente: *bastante parexius* 'bastante parecidos' (Ostalé *et alii*, 1981a). Sin embargo, la forma característica del ansotano es *pro*, ampliamente documentada oralmente en el siglo pasado (Benítez, 2001: 196 y 321).

Finalmente, y en referencia al léxico, tampoco son propias de la variedad lingüística ansotana las formas verbales *minchá* 'comer', *minchando* 'comiendo' (Moncayola, 1990: 11-12 y 16-18) y *habrían mincháu* 'habrían comido' (Andolz, 1996: 57 y 205). Tanto en el siglo XIX como en el XX, el ansotano utilizó en su lugar bien las correspondientes a la voz castellana *comer*, bien las de *chentar*, esta última, en general, en la acepción de 'comer, tomar la comida principal del día', como se indicó en un estudio anterior (Benítez, 2001: 294 y 297) y se muestra en los siguientes casos: *comé* 'comer' (Marín, 1926: 126-127; Gusano, 1968; «Vejez y vida de un aragonés»; Silvia Gastón Romeo, 1992), *comeban* 'comían' (Saroïhandy, 2005: 133; Marín, 1926: 126-127; Martín y Pérez, 2008g); *comió* (Saroïhandy, 2005: 124-125 y 131); *comioron* 'comieron' (Marín, 1926: 126-127); *comiendo, eba comiu* 'había comido' (Mendiara Mendiara, 1998: 79); *chentá* 'comer' (Saroïhandy, 2005: 124 y 131; Marín, 1926: 126-127; Gastón Longás, 1948; Mendiara Gastón, 2003 [1992-1993]; Moncayola, 1990: 7); *chentaban* 'comían' (Marín, 1926: 126-127; Mendiara Gastón, 2003 [1992-1993]); *chentó* 'comió' (Saroïhandy, 2005: 123).

Conclusiones

La recopilación de textos escritos en ansotano durante los siglos XIX y XX realizada en esta obra pone de manifiesto que tal modalidad lingüística de la lengua aragonesa ha tenido una tradición escrita importante. No obstante, hasta donde se conoce, solo un texto, *Recuerdos de l'onso Chorche* (1990), compuesto por Santiago Moncayola Suelves con el alumnado del ciclo medio de la escuela de Ansó, se editó como libro en ese periodo. Los demás habían permanecido inéditos o vieron la luz en publicaciones periódicas o en recopilaciones varias, a veces de difícil acceso.

A este respecto, los primeros textos en ansotano conservados y conocidos hasta el momento, y los únicos del siglo XIX, son los recopilados por Jean-Joseph Saroïhandy en 1899. Ni esos escritos decimonónicos ni los recopilados por el Estudio de Filología de Aragón, por José Alcay y por el *ALPI* antes de la Guerra Civil pueden ser considerados textos de autor, ya que se trata, como se ha expuesto, de traducciones de cuentos clásicos, muestras de literatura tradicional (cuentos populares, refranes, chascarrillos, anécdotas, albadas burlescas...) o transcripciones de discursos orales facilitadas por distintos informantes hablantes de ansotano a especialistas externos.

Cabe destacar que este tipo de textos, de origen y transmisión oral, continuaron siendo fijados por escrito durante todo el siglo XX, según ha podido comprobarse. Baste recordar las transcripciones realizadas por Gregorio Garcés Til, Elena Gusano Galindo, Francho Nagore Laín, Antonio Jesús Gorría Ipas, Os Zerrigüeltaires (Migalánchel Martín Pardos, Armando Otero Ruiz y Migalánchel Pérez Gil), Juan José de Mur Bernad, Natividad Castán Larraz, María Pilar Benítez Marco, Nicolas Quint, José Damián Dieste Arbués, Rafael Andolz Canela, José de Jaime Gómez y José María de Jaime Lorén.

Por tanto, según los datos de los que disponemos, el primer autor que escribió con intención literaria en aragonés ansotano, aunque bastante castellanizado, fue Mariano Gastón Longás, que lo hizo en los últimos años de la década de los cuarenta del siglo pasado. Para unir su nombre a una nómina más amplia de escritores y escritoras en ansotano, hay que esperar a la llegada de la democracia, pues esta propició en el valle de Ansó, como en el resto de Aragón y en otras regiones españolas, una mayor conciencia lingüística territorial y local. De hecho, fueron numerosas las personas que escribieron (algunas continúan haciéndolo) desde finales de la década de los setenta de la pasada centuria hasta que el siglo terminó, entre ellas Pilar Mendiara Ornat, María José Ostalé López, María Pilar Ostalé López, Rosa Ostalé López, María Lourdes Pardo Mendiara, Ana María Pérez Mendiara, María Esther Pérez Mendiara, María José Sánchez López, Josefina Mendiara Gastón, Ana Pérez Mendiara, Ana Cristina Vicén Pérez, Miguel Ánchel Barcos Calvo, Juan Francisco Aznárez López, José Gastón Añaños, Santiago Moncayola Suelves, Joaquín Bejarano López, Silvia Gastón Romeo, Lucía Gastón Romeo, Óscar Hervás Hernández, María Carmen Barcos Aznárez y María Lourdes Mendiara Mendiara. Más anecdótico, como se ha comentado, es el empleo que hizo del ansotano Tomás Buesa Oliver en algunos fragmentos de una conferencia en castellano.

Sin duda, los más prolíficos de aquel tiempo, como ha podido observarse, fueron Josefina Mendiara Gastón —que continúa escribiendo en la actualidad—, Joaquín Bejarano López, alias *Puchó*, y Juan Francisco Aznárez —que dejó inédita su obra, de la cual se han publicado los textos hallados—.

Llama la atención que en el inicio de ese periodo no todos firmaran sus escritos o que lo hicieran con un seudónimo o con las iniciales de su nombre, bien por pudor, bien por considerar que su obra pertenecía a la comunidad. Algunos de ellos, como «Vejez y vida de un aragonés» (1980) o «Soi un pobre pastó» (1987), han permanecido anónimos. En su momento Francho Nagore ya reveló que el seudónimo *Una ansotana* o las iniciales G. M. J. de «Presentando Ansó» (Mendiara Gastón, 1982a) correspondían a Josefina Mendiara Gastón e intuía que el anónimo «Saludo» (Mendiara Gastón, 1982b) era de la misma autora (Nagore, 1987: 40 y 44). En el presente trabajo hemos confirmado dicha hipótesis y, además, hemos dado a conocer que

ansó
Por Puchó

D'a xen que viviba en Ansó y en todos os lugás chicos y apartaus, no vistá cultura escrita. Solo podemos decí que tenemos refrans, comparanzas, espresions, endivinanzas, etc. Todo ixo se trasmitiva de generación ta generación. Yera corrien que en as casas en vistiera tres (agüelos, padres y fillos).

Vistaba algunas personas que aparixeban retratadas en as comparanzas.

Todo o que se contaba, se soleba fé en os fogarils. Os agüelos se posaban en o mejó racón y os demás en a cadiera u acoflaus en suelo.

Aquellos agüelos sabeban muito, pos desde borzagués habeban compezau de repatans con o bacibo y de xóvens tenioron que í de soldaus por ixos mundos ta devan.

Ya sabez que os tiempos en que a cultura no yera escrita, son os más largos. Pos yera normal que a xen no sabiera de letras. O mesmo rey Jaime, no en sabeba. Por ixo, tamién vistaba muitos que yeran agudos y cultos. Aunque en Ansó, parixe-se que a finals d'o siglo XVII, ya vistaba una escuela en do se podeba í p'aprendé a leé y ascribí, yeran pocos os ninos que acudiban. Vistaba más catibada que teneban que í a treballá.

Os refráns, comparanzas, etc., se seguiban contando tamien en os carasols. Cuando plegó ixe invento clamau televisión, se compezó a dexá ixa güena costumbre. Agora no escuitas zarrapita.

Hemos íu perdiendo ixa cultura que tantos siglos duró, no dándole o való a o que tanto en tiene.

¿Qué pensaría aquella xen que sin habé íu t'a escuela teneban tan güenos valós morals, que les valeba d'urbanidá pa podé salí con a fren bien alta t'otros lugás?.

Tenemos que esmaxinanos pa que no se pierda de todo ixa gran cultura y conocé muito mejó o sabé d'as xens d'antis mas.

Última entrega de la serie de artículos titulados «Ansó», de Joaquín Bejarano (Puchó), publicada en el número 167 de la revista Jacetania, correspondiente a marzo de 1995.

Pilar Mendiara Ornat es la autora de la guía *Algunos datos sobre la villa de Ansó y Museo Etnológico: escrito en ansotano* (*ca.* 1979) y que la citada Josefina Mendiara redactó el «Saludo» de la XVIII Exaltación del Traje Ansotano (1988) y había participado en la elaboración del «Saludo» de las fiestas patronales (1983).

Por otro lado, cabe destacar que la función estética no es la única finalidad de los textos escritos en ansotano en las últimas décadas del siglo XX, como se ha señalado, sino que hay un interés especial en emplear este dialecto con diferentes propósitos y ampliar de este modo sus ámbitos de uso. Todos ellos comparten, sin embargo, una temática costumbrista y local centrada en las tradiciones y los acontecimientos contemporáneos del valle de Ansó y en la defensa de su patrimonio natural y cultural, del que la lengua, el aragonés ansotano, forma parte.

Por último, el análisis lingüístico de los textos recopilados muestra una lenta pero significativa castellanización del ansotano si se comparan los escritos en el siglo XIX y los redactados en el XX.

Ciertamente, según se ha puesto de manifiesto, la mayor parte de los rasgos que definen este dialecto pervivieron en la centuria transcurrida entre la redacción de unos y la de otros. Sin embargo, se constata la pérdida de algunas características: la terminación *-era* del pretérito imperfecto de subjuntivo de la primera conjugación (*levera, itera*), sustituida por el segmento castellano *-ara* (*charrara, replegara*); la desinencia *-i* de la primera persona del singular del futuro imperfecto de indicativo (*probaréi, cantaréi*), realizada sin ella (*podré, daré*), o el uso en enunciados desiderativos del futuro imperfecto de indicativo (*tal vez te sacaréi de o apuro*), remplazado por el presente de subjuntivo (*a vié si vi'stá alguno/na entre vusotros/as que nos saque d'apuros*).

Se produjo, asimismo, la práctica desaparición de otras, entre ellas las siguientes: la desinencia verbal *-n* de la tercera persona del plural del pretérito indefinido de la primera conjugación (*estión, querión*), muy inusual y sustituida por la terminación *-oron* (*plegoron, sabioron*); las formas *o, a, os, as* como pronombres personales átonos de tercera persona en función de complemento directo (*os levó*), remplazadas casi de forma sistemática por *lo, la, los, las* (*lo deciban, la treballan*); el empleo de *yo* precedido de preposición (*con yo*), desplazado mayoritariamente por el de *mí* (*con mí*), o la utilización del llamado *pronombre adverbial i* con valor locativo (*cuála mullé i yera a más maja*), forma que, salvo pocas excepciones, se perdió o fue sustituida por otros adverbios de lugar (*os ganáus que t'aquí plegan*).

Finalmente, otras peculiaridades, si bien se mantuvieron, se constatan en menos voces. Por ejemplo, las palabras *fuellas, güello* o *viella*, en las que se observan la solución aragonesa y ansotana /ʎ/ para los grupos LY, C'L o T'L, la diptongación ante yod de o breve tónica en las dos primeras y el mantenimiento de F inicial en la primera, tendieron a ser sustituidas en el siglo XX por las castellanas *ojas* —escrita así en los textos—, *ojo* y *vieja*.

No obstante, también se comprueba una ligera tendencia en otro sentido, hacia la adopción de soluciones lingüísticas aragonesas poco documentadas o no registradas en ansotano. Así, y descartando los casos de hápax (el numeral *mil zincozientos*, el pronombre personal *mos* o el presente de subjuntivo *siga* en lugar de las formas coincidentes con el castellano *mil quinientos, nos* o *sea*, así como el adverbio *prou* en vez de *pro*), se aprecia en el siglo XX la incipiente sustitución de *este* y *esta* (*este lugá, esta tierra*) por *iste* e *ista* (*iste problema, ista casa*) y la de *una, alguna, unos, algunos, unas* y *algunas* (*alguna craba, unos abríos, algunas pardinas*) por *bella, bellos* y *bellas* (*bella tierra, bellos quinze años, bellas añadas*), que ha continuado de una manera más relevante en los primeros años de la actual centuria. Otros usos son más excepcionales y se limitan a unos pocos casos: los participios en -*to* (*chelato, publicata*) en lugar de los que son generales, los terminados en -*u* (*siu, itáu*); la forma *fuoron* en sustitución de la castellana *fueron* en la tercera persona del pretérito indefinido de los verbos *ser* e *ir*; el posesivo en función adnominal y precedido de un artículo en posición prenuclear (*a nuesa toponimia*) en vez de en situación posnuclear, como es habitual en ansotano (*a riqueza nuestra*), o las voces *güellas* y *minchá* frente a las características de dicho dialecto *ovellas* y *comer* o *chentar*.

En todo caso, la recopilación de textos en ansotano de los siglos XIX y XX realizada en este estudio contradice la idea de que el ansotano no ha tenido una tradición escrita importante hasta las primeras décadas del XXI. Ocurre que en la actual centuria su escritura se cultiva con más intensidad si cabe, como ya hemos adelantado en una publicación anterior (Benítez, 2015-2016) y esperamos poder estudiar con más profundidad en el futuro.

Notas

1   El refrán [*¡Qué cosa es gloria!*] no fue recopilado por Benito Coll en su *Colección de refranes, modismos y frases usados en el Alto Aragón* de 1902, como indica Flores (2014: 134), sino por el Estudio de Filología de Aragón (Aliaga, 2012: 12, n. 1, y 148).

2   La información procede de «La provincia de Huesca en la Exposición del Traje regional», *El Diario de Huesca*, 18 de mayo de 1924, p. 1.

3   N. de la E.: Sin duda, la grafía *s* representa el fonema /ʃ/ en la voz *parisió*.

4   N. de la E.: Probablemente la palabra *vieja* sea una transcripción errónea de *oveja* u *ovella*.

5   N. de la E.: Probablemente la palabra *vi'stiba* sea una transcripción errónea de *bi'staba*.

6   Entre las composiciones poéticas en castellano que Mariano Gastón publicó también en *El Pirineo Aragonés* pueden citarse estas: «Ansó de mi vida» (22 de septiembre de 1945, p. 3), «Un saludo a Ansó» (21 de septiembre de 1946, p. 2), «A la Virgen de Puyeta, patrona de Ansó» (6 de septiembre de 1947, p. 2), «A la Virgen de Puyeta, patrona de Ansó, en su festividad» (27 de agosto de 1949, p. 3), «El pastor ansotano y las fiestas» (17 de septiembre de 1949, p. 3) o «Hecho y Ansó» (23 de septiembre de 1972, p. 6).

7   N. de la E.: Sin duda, la grafía *ys* representa el fonema /ʃ/ en las voces *pariys* y *conoysen*.

8   N. de la E.: Sin duda, la grafía *xx* representa el fonema /ʃ/ en la voz *conoxxen*.

9   N. de la E.: Sin duda, la grafía *xx* representa el fonema /ʃ/ en la voz *ixxas*.

10 N. de la E.: Sin duda, la grafía *sh* representa el fonema /ʃ/ en la voz *bushaco*.

11 Agradezco a Elena Gusano que en su día me enviara tanto esas grabaciones como la presente transcripción. Bajo el título «Etnotextos», con pocas variaciones, pero con una ortografía diferente, el texto se editó también en la revista *De Lingua Aragonensi* de la Sociedat de Lingüística Aragonesa (2009-2010).

12 N. de la E.: La grafía *ch* representa el fonema /ʃ/ en la voz *pariche*.

13 N. de la E.: La grafía *ch* representa el fonema /ʃ/ en la voz *conochen*.

14 N. de la E.: La grafía *ch* representa el fonema /ʃ/ en la voz *techiban*.

15 N. de la E.: La grafía *ch* representa el fonema /ʃ/ en la voz *techidas*.

16 N. de la E.: La grafía *ch* representa el fonema /ʃ/ en la voz *techius*.

17 N. de la E.: La grafía *ch* representa el fonema /ʃ/ en la voz *fachellas*.

18 N. de la E.: La grafía *ch* representa el fonema /ʃ/ en la voz *iche*.

19 N. de la E.: La grafía *ch* representa el fonema /ʃ/ en la voz *techiban*.

20 N. de la E.: La grafía *ch* representa el fonema /ʃ/ en la voz *techidas*.

21 N. de la E.: La grafía *ch* representa el fonema /ʃ/ en la voz *ichas*.

22 La tradición oral actual ha conservado el estribillo y algunas coplas de esta canción infantil, pero no todas ni en la disposición en la que aparecen en el poema de Juan Francisco Aznárez. Elena Gusano, tras encuestar a varias mujeres, recogió esta versión en el estribillo (Benítez y Latas, 2008: 253): «Xera, mataxera / cocón y cocera».

23 Agradezco a María Teresa Aznárez Callavé su interés por mostrarme y dejarme la mencionada recopilación de la obra de su tío Juan Francisco Aznárez.

24 N. de la E.: Sin duda, la grafía *x* representa el fonema /ʧ/ en la voz *xen* en los escritos de Joaquín Bejarano.

25 N. de la E.: Sin duda, la grafía *x* representa el fonema /ʧ/ en la voz *xeladera* y en otras de su misma familia léxica en los textos de Joaquín Bejarano.

26 N. de la E.: Sin duda, la grafía *x* representa el fonema /ʧ/ en la voz *lonxeta*.

27 N. de la E.: Sin duda, la grafía *x* representa el fonema /ʧ/ en la voz *axuntamiento* y en otras de su misma familia léxica en los textos de Joaquín Bejarano.

28 N. de la E.: Sin duda, la grafía *x* representa el fonema /ʧ/ en la voz *xovens* en los textos de Joaquín Bejarano.

29 N. de la E.: Sin duda, la grafía *x* representa el fonema /ʧ/ en la voz *xuegos*.

30 Sin duda, la grafía *x* representa el fonema /ʧ/ en la voz *xornada*.

31 Puede comprobarse que el «Cuento de los pastores malintencionados» no presenta soluciones del habla del valle de Ansó, por ejemplo, en su inicio (Dieste, 1994: 105): «Bi eba dos pastores montañesucios de la par de Ansó».

32 El sintagma *algunos sucesós* se halla en el texto original que la autora Josefina Mendiara me facilitó en 1987, cuando realizaba mi tesis doctoral.

Bibliografía

ALEANR = *Atlas lingüístico y etnográfico de Aragón, Navarra y Rioja*, Zaragoza / Madrid, IFC / CSIC, 1979-1983.

Aliaga Jiménez, José Luis (2012), *Refranes del Aragón que se fue: fraseología popular aragonesa de tradición oral*, Zaragoza, IFC / PUZ / Gara d'Edizions.

ALPI = *Atlas lingüístico de la península ibérica*, vol. I/1: *Fonética*, Madrid, CSIC, 1962.

Andolz Canela, Rafael (1977), *Diccionario aragonés*, Zaragoza, Librería General.

— (1996), *Más humor aragonés*, Zaragoza, Mira.

Arnal Purroy, María Luisa (2003), «La variedad lingüística del valle de Ansó (Pirineo aragonés): caracterización a través de un texto ansotano de 1926», en María Luisa Arnal Purroy y Javier Giralt Latorre (eds.), *Actas del II Encuentro «Villa de Benasque» sobre Lenguas y Culturas Pirenaicas*, Zaragoza, DGA, pp. 189-213.

Aznárez López, Juan Francisco (1979), «El dance típico de Jaca», *Jacetania*, 79 (abril), s. p.

— (*ca.* 1987a), «Anexo», en María Pilar Benítez Marco y Óscar Latas Alegre (2008), «Textos inéditos en ansotano de Juan Francisco Aznárez», *Alazet*, 20, pp. 156-157.

— (*ca.* 1987b), *Escribir en ansotano*, texto mecanuscrito.

— (*ca.* 1987c), [*Por o que veigo*], texto mecanuscrito.

— (*ca.* 1987d), *Fer una xerata*, texto mecanuscrito.

— (*ca.* 1987e), [*¿De dó sales?*], texto mecanuscrito.

— (1996), *Ansó (vasco) = Sancho (castellano)*, Jaca, Imp. Raro.

Barcos Aznárez, María Carmen (1992), «L'onso y os pastós», en Centro de Recursos Río Aragón (MEC) de Puente la Reina (Huesca), *Algunas historias del viejo Aragón = Bellas falordias d'o Biello Aragón*, Huesca, PUCOFARA, p. 54.

Barcos Calvo, Miguel Ánchel (1986), «Fago», *Orache*, 6, p. 14.

— (1993), «Yugoslabia: un Estáu, muitas nazions», *A Gorgocha*, 3 (marzo), s. p.

Barcos Calvo, Miguel Ánchel (2007a), *El aragonés ansotano: estudio lingüístico de Ansó y Fago*, Zaragoza, Gara d'Edicions / IFC.

— (2007b), «Un inte ye un zarpáu de bidas», *Relatos para Sallent: III y IV Concurso de Relatos Cortos para Leer en Tres Minutos «Luis del Val»*, Sallent de Gállego / Sabiñánigo, Ayuntamiento de Sallent de Gállego / Comarca Alto Gállego, pp. 61-64.

— (2007c), «Falca de chinebro», *Relatos para Sallent: III y IV Concurso de Relatos Cortos para Leer en Tres Minutos «Luis del Val»*, Sallent de Gállego / Sabiñánigo, Ayuntamiento de Sallent de Gállego / Comarca Alto Gállego, pp. 67-69.

Benítez Marco, María Pilar (1987), *Coplas en ansotano*, texto manuscrito.

— (1988), *Contribución al estudio del verbo ansotano*, tesis de licenciatura, Universidad de Zaragoza.

— (1997), «El valle de Ansó: un ejemplo de interrelación de los medios físico, socioeconómico y lingüístico», en María Luisa Arnal Purroy y Javier Giralt Latorre (eds.), *Actas del I Encuentro «Villa de Benasque» sobre Lenguas y Culturas Pirenaicas*, Zaragoza, Gobierno de Aragón, pp. 247-262.

— (1998), *Contribución al estudio del habla del valle de Ansó*, tesis doctoral, Universidad de Zaragoza.

— (2001), *L'ansotano: estudio del habla del valle de Ansó*, Zaragoza, Gobierno de Aragón.

— (2010), *María Moliner y las primeras estudiosas del aragonés y del catalán de Aragón*, Zaragoza, Rolde de Estudios Aragoneses.

— (2012), *El Estudio de Filología de Aragón en la Diputación de Zaragoza (1915-1941): hacia un centro de estudios aragoneses*, Zaragoza, Aladrada / DPZ / PUZ.

— (2015-2016), «El aragonés del valle de Ansó: documentación, pérdida y recuperación», *Archivo de Filología Aragonesa*, 71-72, pp. 159-191.

— (2017), «Algunos aspectos de morfosintaxis del aragonés ansotano en el siglo XIX», *Alazet*, 29, pp. 9-34.

— y Óscar Latas Alegre (2008), «Textos inéditos en ansotano de Juan Francisco Aznárez», *Alazet*, 20, pp. 147-157.

— y Óscar Latas Alegre (2009), «Chiquez apuntes sobre l'aragonés ansotano dende a soziolingüistica», en *II Congreso de l'Aragonés: actas*, Zaragoza, Academia de l'Aragonés – Estudio de Filología Aragonesa, pp. 171-176.

— y Óscar Latas Alegre (2013), «Notas sociolingüísticas sobre el aragonés de Ansó», *La Estela*, 30, pp. 32-35.

Buesa Oliver, Tomás (1976), «La persona verbal "yo" en la frontera navarro--aragonesa pirenaica», en *Actas del Séptimo Congreso Internacional de Estudios Pirenaicos*, Jaca, IEP, t. VII, vol. 1, pp. 39-54.

— (1991), «Apostillas a un panorama de las hablas pirenaicas», en *Actas del I Congreso de Lingüistas Aragoneses*, Zaragoza, DGA, pp. 47-53.

Buesa Oliver, Tomás (1995a [1980]), «Personalidad de Ansó», en *Mis páginas jacetanas*, Jaca / Huesca, Centro de Iniciativa y Turismo de Jaca / DPH, pp. 129-144.

— (1995b), «Día de la Jacetania», *Jacetania*, 167 (marzo), s. p.

Casanova Herrero, Emili (2004), «Aragón en el *ALPI*», en Francho Nagore Laín (ed.), *III Trobada d'Estudios e Rechiras arredol d'a Luenga Aragonesa e a suya Literatura: autas (Uesca-Alquezra, 17-20 d'otubre de 2001)*, Huesca, IEA / PUCOFARA, pp. 21-94.

Castán Larraz, Natividad (1986), «Condiós, lolo, condiós», *Fuellas*, 53 (mayo-junio), pp. 4-5.

«Charramos d'Ansó», *Fuellas*, 17 (mayo-junio de 1980), pp. 17-18.

Costa Martínez, Joaquín (2010 [1878-1879]), *Textos sobre las lenguas de Aragón*, vol. I: *Los dialectos de transición en general y los celtibérico-latinos en particular*, vol. II: *Artículos y otros escritos*, Zaragoza, Aladrada.

Dieste Arbués, José Damián (1994), *Refranes ganaderos altoaragoneses*, Huesca, IEA (Cosas Nuestras, 13).

Flores Abat, Lluís-Xavier (2014), «A literatura popular d'a val d'Ansó: edición crítica y clasificación de materials etnoliterarios en aragonés (II)», *Temas de Antropología Aragonesa*, 20, pp. 37-170.

Garcés Til, Gregorio (1999), *Cancionero popular del Alto Aragón*, edición a cargo de Blas Coscollar Santaliestra, Huesca / Zaragoza, IEA / DGA.

Gastón Añaños, José (1988), «De cabañera», *A Sabaya*, 1 (marzo), s. p.

Gastón Longás, Mariano (1947), «Pastoril ansotano», *El Pirineo Aragonés*, 12 de julio, p. 2.

— (1948), «Pastoril ansotano», *El Pirineo Aragonés*, 24 de julio, p. 2.

Gastón Romeo, Lucía (1992), «Una noche de sanmiguelada», en Centro de Recursos Río Aragón (MEC) de Puente la Reina (Huesca), *Algunas historias del Viejo Aragón = Bellas falordias d'o Biello Aragón*, Huesca, PUCOFARA, p. 23.

Gastón Romeo, Silvia (1992), «Moro», en Centro de Recursos Río Aragón (MEC) de Puente la Reina (Huesca), *Algunas historias del Viejo Aragón = Bellas falordias d'o Biello Aragón*, Huesca, PUCOFARA, p. 20.

Gorría Ipas, Antonio Jesús (1983), «Desplazamientos demográficos temporales desde el valle de Ansó al Pirineo francés», *Temas de Antropología Aragonesa*, 2, pp. 40-50.

— (1987), *Evolución y crisis demográfica de la organización social: el valle de Ansó*, Huesca, IEA (Colección de Estudios Altoaragoneses, 17).

— (1993), *El Museo Etnológico de Ansó: reflejo de la historia y cultura de un pueblo*, Huesca, IEA (Cuadernos Altoaragoneses de Trabajo, 20).

— (1999), *El valle de Ansó y su traje tradicional*, Zaragoza, ed. del autor.

— (2017), *El traje tradicional del valle de Ansó*, Ansó, ed. del autor.

Gusano Galindo, Elena (1968), [*Señores, así como*], texto mecanuscrito.

— (2004), *Guisos y ditos en os fogarils d'antismás*, Jaca / Ansó, Comarca de La Jacetania / Asociación A Gorgocha.

— (2009), «Maiberal», *Relatos para Sallent*, Sallent de Gállego / Sabiñánigo, Ayuntamiento de Sallent de Gállego / Comarca Alto Gállego, pp. 19-20.

— (2010), *Yésica, un abrío d'agora*, Zaragoza, Xordica.

— (2015), «Con os visos de l'alba», «O pasadoble», «L'otro pasodoble», «O prospeto» y «O gorré», *Brioleta: encuentro de escritoras aragonesas*, Zaragoza, Pregunta, pp. 51-69.

— (2019), *Rasmia: a verdadera historia d'Aragón*, Ansó, Asociación Ezpelá.

— (2021), *Tiana, a mozeta que no teneba basquiña*, Zaragoza, Gobierno de Aragón.

— y Dabí Latas Alegre (2021), *Ansó: o vestiu populá = el traje popular*, Zaragoza, Gara d'Edizions.

— y Juan Karlos López-Mugartza Iriarte (2011-2012), «As casas d'Ansó: oiconimia d'a Billa d'Ansó (Uesca, Aragón)», *Luenga & Fablas*, 15-16, pp. 51-98.

— y Juan Karlos López-Mugartza Iriarte (2021), «As casas de Fago: oiconimia d'a bal d'Ansó», en *Arredol d'a parola: conoxer, amar, esfender l'aragonés. Treballos en omenache a Francho Nagore e Chesús Vázquez = En torno a la palabra: conocer, amar, defender el aragonés. Trabajos en homenaje a Francho Nagore y Jesús Vázquez*, Huesca / Zaragoza, IEA / Universidad de Zaragoza / Gobierno de Aragón, pp. 97-115.

Hervás Hernández, Óscar (1992), «O frajenco», en Centro de Recursos Río Aragón (MEC) de Puente la Reina (Huesca), *Algunas historias del viejo Aragón = Bellas falordias d'o Biello Aragón*, Huesca, PUCOFARA, p. 34.

Jaime Gómez, José de, y José María de Jaime Lorén (1999), *Paremiología aragonesa: refranero aragonés*, Calamocha, ed. de los autores.

Kuhn, Alwin (1935), «Der hocharagonesische Dialekt», *Revue de Linguistique Romane*, XI, pp. 1-312.

La Comisión (1983), «Saludo», en *Valle de Ansó: fiestas patronales en honor de san Sebastián, a celebrar del 20 al 25 de septiembre de 1983*, Ansó, [Ayuntamiento de Ansó], s. p.

Latas Alegre, Óscar (2004-2005), «R. M.ª de Azkue e l'aragonés en 1930: literatura popular chesa e o bocabulario ansotano d'Aznárez», *Luenga & Fablas*, 8-9, pp. 17-28.

Lorén Gomez, Rita, y José de Jaime Gómez (1950), «Contribución al estudio de la filología agrícola y pecuaria aragonesa», *Boletín de Divulgación Ganadera*, 15-16 (julio-octubre), pp. 41-53.

— y José de Jaime Gómez (1952), «Contribución al estudio de la filología agrícola y pecuaria aragonesa», separata del *Boletín de Ciencia Veterinaria*, 359 (10 de abril), Madrid, Gráficas Yagües.

Marín Sancho, Íñigo Manuel (1926), «Etnografía aragonesa», *Aragón*, 8 (mayo), pp. 126-131.

Martín Pardos, Migalánchel, y Migalánchel Pérez Gil (2008a), «José Aznárez: letras de jotas. Zuriza», en *Os Zerrigüeltaires: nuestras andanzas por Aragón* <https://n9.cl/t6gpv>.

— y Migalánchel Pérez Gil (2008b), «A. Coarasa de Hecho. Comentarios J. Aznárez de Ansó», en *Os Zerrigüeltaires: nuestras andanzas por Aragón* <https://n9.cl/eg80w>.

— y Migalánchel Pérez Gil (2008c), «Ansó: Jorge Puyó Navarro», en *Os Zerrigüeltaires: nuestras andanzas por Aragón* <https://n9.cl/ucsxh>.

— y Migalánchel Pérez Gil (2008d), «Ansó: Nombres de casas. Topónimos. Dichos y tradiciones», en *Os Zerrigüeltaires: nuestras andanzas por Aragón* <https://n9.cl/ahx44>.

— y Migalánchel Pérez Gil (2008e), «Ansó: Historia. El traje ansotano», en *Os Zerrigüeltaires: nuestras andanzas por Aragón* <https://n9.cl/fuy7u>.

— y Migalánchel Pérez Gil (2008f), «Ansó: Francisco y María Gastón. Otros vecinos», en *Os Zerrigüeltaires: nuestras andanzas por Aragón* <https://n9.cl/8ofo7>.

— y Migalánchel Pérez Gil (2008g), «Fago: Entrevista al pastor Benito Navarro Barcos (1.ª parte)», en *Os Zerrigüeltaires: nuestras andanzas por Aragón* <https://n9.cl/y5kgk>.

— y Migalánchel Pérez Gil (2008h), «Fago: Entrevista al pastor Benito Navarro Barcos (y 2.ª parte)», en *Os Zerrigüeltaires: nuestras andanzas por Aragón* <https://n9.cl/27ltj>.

Mendiara Gastón, Josefina (1982a), «Presentando Ansó», *Fuellas*, 28 (marzo-abril), pp. 4-5.

— (1982b), «Saludo», en *Villa de Ansó: III Semana Cultural y XII Exaltación del Traje Ansotano. Del 15 al 22 de agosto de 1982*, Ansó, [Ayuntamiento de Ansó], s. p.

— (1986), *Guion para el Día de Exaltación del Traje Ansotano*, texto mecanuscrito.

— (1987a), «Un sueño feito realidá», texto mecanuscrito.

— (1987b), «Presentación», texto mecanuscrito.

— (1988), «Saludo», en *Villa de Ansó: XVIII Exaltación del Traje Típico Ansotano. Día 21 de agosto 1988*, Ansó, [Ayuntamiento de Ansó], s. p.

— (1992), «Recuerdos que fan goyo», *Jacetania*, 156 (junio), s. p.

— (2003 [1992-1993]), «Romería d'a Virgen de Puyeta», *Fuellas*, 156 (julio-agosto), p. 14.

— (2009a), «Día de San Antón», en *Coral ansotana*, Zaragoza / Jaca / Ansó, Luna Nueva / Comarca de La Jacetania / Ayuntamiento de Ansó, s. p.

— (2009b), «L'onso», en *Coral ansotana*, Zaragoza / Jaca / Ansó, Luna Nueva / Comarca de La Jacetania / Ayuntamiento de Ansó, s. p.

— (2017), «Casorio esfeito», *El Ansotano: periódico infantil creativo y participativo*, 4, p. 24.

Mendiara Gastón, Josefina (2018), «Saludo pa os críos d'a escuela», *El Ansotano: periódico infantil creativo y participativo*, 5, pp. 22-23.

Mendiara Mendiara, María Lourdes (1998), «Cuento de santa Bárbara», en María Pura Allué Castillo *et alii*, *Leer... Contar... Cantar*, Sabiñánigo, Centro de Profesores y Recursos de Sabiñánigo, pp. 79-80.

Mendiara Ornat, Pilar (*ca.* 1979), *Algunos datos sobre la villa de Ansó y Museo Etnológico: escrito en ansotano*, texto mecanuscrito, [Ansó], [Museo Etnológico de Ansó].

— (2009), «O lugá nuestro», en *Coral ansotana*, Zaragoza / Jaca / Ansó, Luna Nueva / Comarca de La Jacetania / Ayuntamiento de Ansó, s. p.

— *et alii* (2003a), *Diccionario del dialecto ansotano*, Ansó, Ayuntamiento de Ansó.

— *et alii* (2003b), «O ansotano», *Bisas de lo Subordán*, 10, p. 21.

— *et alii* (2006), *O catón: replegando as tradizions ansotanas*, Jaca, Comarca de La Jacetania.

Moncayola Suelves, Santiago (1990) (coord.), *Recuerdos de l'onso Chorche*, Huesca, PUCOFARA.

Moneva y Puyol, Juan (2004), *Vocabulario de Aragón*, ed. y est. de José Luis Aliaga Jiménez, Zaragoza, PUZ / Xordica / IFC.

Mur Bernad, Juan José de (1986), *Cancionero popular de la provincia de Huesca*, ed. de Josep Crivillé i Bargalló con la colaboración de Glòria Ballús, Antònia Juan y Ramón Villar, Barcelona, Claret.

Nagore Laín, Francho (1980), «Coplas d'Ansó», *Fuellas*, 19 (septiembre-octubre), p. 20.

— (1987), *Replega de testos en aragonés dialeutal de o sieglo XX (materials ta lo estudio de l'aragonés popular moderno)*, vol. I: *Ansotano, ayerbense, belsetán*, Zaragoza, DGA.

— (2013), *Lingüística diatopica de l'Alto Aragón. Cómo ye l'aragonés de cada puesto: carauteristicas, bibliografía, testos, mapas*, Huesca, PUCOFARA.

Navarro Tomás, Tomás (1975), «Noticia histórica del *ALPI*», en *Capítulos de geografía lingüística de la península ibérica*, Bogotá, Instituto Caro y Cuervo, pp. 9-21.

Ostalé López, María José, *et alii* (1981a), «Ansó», *Jacetania*, 93 (agosto), s. p.

— *et alii* (1981b), «Ansó. Segunda parte», *Jacetania*, 94 (octubre), s. p.

— *et alii* (1981c), «A fabla ansotana. Continuación», *Jacetania*, 95 (diciembre), s. p.

Pérez Mendiara, Ana (1982), «Ansó y os trajes suyos», *Orache*, 2, p. 8.

— (1989), «Os problemas d'o gasoducto Lacq-Sarrablo», *Orache*, 9, pp. 21-22.

Puchó, Paco [Francisco Bejarano] (1979), «Contribuzión a o bocabulario d'Ansó», *Fuellas*, 6 (enero), pp. 6-9, y 7 (febrero-marzo), pp. 9-10.

— (1982), «Replega de bocabulario d'Ansó», *Fuellas*, 28 (marzo-abril), pp. 13-16, y 29 (mayo-junio), p. 13.

Cubierta del libro *Recuerdos de l'onso Chorche*, escrito en aragonés ansotano
por el alumnado del ciclo medio de la escuela de Ansó, bajo la coordinación
del maestro Santiago Moncayola, en 1990.

Puchó [Joaquín Bejarano] (1993a), «Qué os parixe», *A Gorgocha*, 3 (marzo), s. p.

— (1993b), «O rincón», *A Gorgocha*, 3 (marzo), s. p.

— (1993c), «O rincón», *A Gorgocha*, 4 (abril), s. p.

— (1993d), «Ansó», *Jacetania*, 162 (diciembre), s. p.

— (1994a), «Ansó», *Jacetania*, 163 (marzo), s. p.

— (1994b), «Ansó», *Jacetania*, 164 (junio), s. p.

— (1994c), «Ansó», *Jacetania*, 166 (diciembre), s. p.

— (1995), «Ansó», *Jacetania*, 167 (marzo), s. p.

Quint, Nicolas (1992-1993), *Étude de la morphologie verbale du parler haut-aragonais d'Ansó*, vol. II: *Annexes du mémoire, mémoire de maîtrise*, Université Sorbonne Nouvelle – Paris III.

Real Academia Española (1726-1739), *Diccionario de la lengua castellana, en que se explica el verdadero sentido de las voces, su naturaleza y calidad, con las phrases o modos de hablar, los proverbios o refranes y otras cosas convenientes al uso de la lengua [...]*, Madrid, Imp. de los herederos de Francisco del Hierro <http://ntlle.rae.es/ntlle/SrvltGUILoginNtlle>.

— (1914), *Diccionario de la lengua castellana*, Madrid, Imp. de los sucesores de Hernando <http://ntlle.rae.es/ntlle/SrvltGUILoginNtlle>.

Saroïhandy, Jean-Joseph (2005), *Misión lingüística en el Alto Aragón*, ed. y est. de Óscar Latas Alegre, Zaragoza, Xordica / PUZ.

— (2009a [1901]), «Mission de M. Saroïhandy en Espagne», en Óscar Latas Alegre (ed.), *Informes sobre el aragonés y el catalán de Aragón (1898-1916)*, Zaragoza, Aladrada / PUZ / Gobierno de Aragón, pp. 41-59.

— (2009a [1904]), «Remarques sur le poème de Yuçuf», en Óscar Latas Alegre (ed.), *Informes sobre el aragonés y el catalán de Aragón (1898-1916)*, Zaragoza, Aladrada / PUZ / Gobierno de Aragón, pp. 60-80.

Sociedat de Lingüistica Aragonesa (2009-2010), «Etnotextos», *De Lingua Aragonensi*, 5-6, pp. 225-230.

Unesco (2003), *Vitalidad y peligro de desaparición de las lenguas: documento adoptado por la Reunión Internacional de Expertos sobre el programa de la UNESCO «Salvaguardia de las Lenguas en Peligro»*, París, 10-12 de marzo de 2003 <https://n9.cl/0ua31>.

Usón, Chusé Raúl (2020), «Dos poemas en aragonés ansotano de Mariano Gastón Longás», *Rolde*, 174-175 (julio-diciembre), pp. 75-81.

«Vejez y vida de un aragonés», *Jacetania*, 90 (diciembre de 1980), s. p.

Vicén Pérez, Ana Cristina (1985), «Ansó», en Eduardo Vicente de Vera Pinilla (coord.), *A l'aire (garbas)*, Zaragoza, DGA, pp. 25-28.

— (1990a), «Una istoria de carnabal», *Fuellas*, 77 (mayo-junio), p. 29.

— (1990b), «Una istoria de contrabandistas», *Fuellas*, 78 (julio-agosto), pp. 14-15.

— y Santiago Moncayola Suelves (1990a), *Bocabulario de l'ansotano*, Huesca, PUCOFARA.

Vicén Pérez, Ana Cristina, y Santiago Moncayola Suelves (1990b), «Toponimia d'Ansó», *Fuellas,* 78 (julio-agosto), pp. 10-13.

— y Santiago Moncayola Suelves (1993), *Animals, animals,* Huesca, PUCO-FARA.

— y Santiago Moncayola Suelves (2000), *No son indios toz os que fan a tana,* Huesca, PUCOFARA.

Zires Roldán, Margarita (1999), «De la voz, la letra y los signos audiovisuales en la tradición oral contemporánea en América Latina: algunas consideraciones sobre la dimensión significante de la comunicación oral», *Razón y Palabra,* 15 (octubre) <https://n9.cl/gr3gdr>.

Este libro se acabó de imprimir en Huesca en 2024,
cuando se cumplían ciento veinticinco años
desde que Jean-Joseph Saroïhandy
recogiera los primeros textos
escritos en ansotano.

TÍTULOS DE LA COLECCIÓN

25. Chabier Tomás Arias, *El aragonés del Biello Sobrarbe* (1999).

26. Ramon Vives i Gorgues, *Costumari de Castellonroi (ànima d'un poble)* (2001).

27. Mariano Constante, *Crónicas de un maestro oscense de antes de la guerra* (2001).

28. M.ª Celia Fontana Calvo, *La iglesia de San Pedro el Viejo y su entorno: historia de las actuaciones y propuestas del siglo XIX en el marco de la restauración monumental* (2003).

29. Ignacio Almudévar Zamora, *Retablo del Alto Aragón en el último tercio del siglo XX (artículos, charlas y conferencias)* (2005).

30. M.ª Dolores Barrios Martínez y Pilar Alcalde Arántegui (eds.), *Antonio Durán Gudiol y la prensa escrita (artículos)* (2005).

31. Ramón Lasaosa Susín (ed.), *Enrique Capella: folclore y tradición* (2006).

32. Ángel Huguet Canalís, *Plurilingüismo y escuela en Aragón: un estudio sobre las actitudes ante las lenguas aragonesas (aragonés, castellano y catalán) y las lenguas extranjeras* (2006).

33. José M.ª Ferrer Salillas, *Bespén: recuerdos del pasado y una mirada al presente* (2007).

34. Pablo Martín de Santa Olalla Saludes, *Javier Osés: un obispo en tiempos de cambio* (2007).

35. María José Navarro Bometón, *Nueve siglos frente al cierzo: la iglesia de Santa María la Blanca de Berbegal* (2008).

36. Encarnación Visús Pardo, *La villa de Berdún, entre la naturaleza y el arte: un hermoso contrapunto* (2009).

37. Francisco Bruballa Angusto, *Vocabulario del habla de La Puebla de Castro (Baja Ribagorza)* (2009).

38. Cristino Gasós, *Líneas cortas y otros poemas* (edición a cargo de Fidel Sebastián Mediavilla) (2011).

39. Ángela Abós Ballarín, *La mirada del esparvel: contando Aragón (1982-2012)* (2014).

40. Miguel Jarne Maisonave, *Martes, un lugar en la historia* (2016).

41. Juan José Ferrer Miranda, *Tierz al cierzo: trayectoria policroma y vital de acontecimientos locales* (2016).

42. Roberto Benedicto Salas, *Hacia el valle de Benasque: por los caminos de la Ribagorza aragonesa* (2019).

43. Ernesto Fernández-Xesta Vázquez y Mariano Badía Buil, *La guerra de Sucesión en Estadilla* (2019).

44. Manuel Iglesias Costa (edición de Carles Feixa Pàmpols), *Bonansa: historia breve* (2023).